다솔문학 동인지 · 초록물결 제11집

꽃잎 편지

52인의 시선집

청 옥

차례

박순옥 – 아름다운 꿈이라도 꾸어보자 외 2편 ········ 12
조충호 – 벚꽃은 활짝 피었는데 외 2편 ············ 18
김현희 – 어느 날 문득 외 2편 ················ 24
서정원 – 초코렛힐(Chocolare Hills) 외 2편 ········ 30
조동현 – 굳은살 외 2편 ···················· 38
이종철 – 계절이 보내온 편지 외 2편 ············ 42
신재균 – 악수 외 2편 ····················· 46
황상정 – 춘몽春夢 외 2편 ··················· 54
조순자 – 초록 물결 사랑 외 2편 ··············· 58
변정연 – 긴 기다림 외 2편 ·················· 64
금문정 – 물가 그 묶음 상술 외 2편 ············· 70
김명동 – 홍염 외 2편 ····················· 76
김부식 – 풍경 외 2편 ····················· 80
고광숙 – 꿩의 바람꽃 외 2편 ················· 86
하강섭 – 추봉도에서의 하루 외 2편 ············· 90
윤외기 – 용서 외 2편 ····················· 96
김 산 – 사랑이 곁에 있을 때 외 2편 ············ 100
김용수 – 시인의 마음 외 2편 ················· 106
조관형 – 망각 외 2편 ····················· 112
배동현 – 옹이박이 외 2편 ··················· 118
이계창 – 순한 것 외 2편 ··················· 122
이영진 – 난 행운아다 외 2편 ················· 128
김영숙 – 첫사랑 외 2편 ···················· 132
임희선 – 별은 알고 있다 외 2편 ··············· 136
전미정 – 삶 외 2편 ······················ 140
김영진 – 이름들 하나 되어 외 2편 ·············· 148

박영애 - 자식들 외 2편 ·················· 152
오성수 - 진도 외 2편 ···················· 158
한현수 - 세월에 꺾이다 외 2편 ············ 164
김덕영 - 봄 외 2편 ····················· 170
정현희 - 인생이란 외 2편 ················ 174
신봉교 - 수리너머재 외 2편 ·············· 180
김옥자 - 동백 외 2편 ··················· 186
최석종 - 62 페이지 외 2편 ··············· 190
이성두 - 빛의 환상을 꺾다 외 2편 ········· 196
이수을 - 파도 소리 외 2편 ··············· 200
김의현 - 신혼의 꽃밭 외 2편 ············· 208
임하영 - 겨울아 그만 가자 외 2편 ········· 214
정용완 - 봄의 향연 외 2편 ··············· 218
제성행 - 봄비로 쓰는 편지 외 2편 ········· 222
김지원 - 욕심과 미련 사이 외 2편 ········· 228
신진철 - 아무도 몰라 외 2편 ············· 234
이용성 - 봄이 오는 소리 외 2편 ·········· 240
김상경 - 목련 외 2편 ··················· 246
신영미 - 꽃과 열매 외 2편 ··············· 252
장영경 - 하얗게 내리는 빈손 외 2편 ······· 260
여승익 - 백두대간 외 2편 ················ 264
장선호 - 초록빛 설렘 외 2편 ············· 270
유영아 - 태풍 (지난여름) 외 2편 ·········· 274
홍성주 - 철쭉꽃 당신 외 2편 ············· 278
김준일 - 양초의 눈물 외 2편 ············· 282
김규봉 - 무아적無我的 삶과 종교 ·········· 288

초록물결 제11집을 펴내며

시도 그렇고
사랑도 그렇고
아침 바람 저녁 바람
이리 비틀 저리 비틀
비틀거리다가도
저기 저 번듯한 청솔처럼
꼿꼿하게 서서
한 문장 내지르는 저력

늘 푸르고 평화롭고 그저 순박한 사람들
웃는 얼굴로 대하든 찌든 얼굴로 대하든
탓하지 않고 웃어주는 봄꽃들처럼
순순한 마음으로 엮은
다솔문학 동인지 초록물결 제11집
광활한 문학의 바다
시의 바다에 배를 띄웁니다.

2024년 봄

다솔문학회장 김현희

윤외기 시인 네 번째 시집

너의
이름은
사브라

도서출판 지식나무
정가 12,000원

우리도 시련을 극복하고
인생의 꽃을 피우듯
거친 세상의 환란 가운데
휩쓸리지 않고
내 곁에서 기다리며 온갖 고난을 인내한 후에
삶의 꽃을 화려하게 피우고 열매 맺은 당신을
난 이제부터 "사브라"라 부르렵니다.

― 시인의 말 중에서

윤외기

- 문학愛 시부문 등단
- 문예마을 이사
- 문학춘하추동 이사
- 쉼만한물가 운영이사
- 다솔문학 회원
- 현대문학사조 회원
- 강원경제신문 코벤트가든문학상 대상
- 김해일보 신춘문예 우수상
- 지상작전사령관 표창 2회
- 동원전력사령관 표창 외 다수

저서: 『그리움의 꽃잎편지』, 『갈바람이 전하는 연서』,
『N-N-OUT의 비밀』, 『너의 이름은 사브라』
공저: 『쉼만한물가』 1~7호, 『초록물결』 5~11호 외 다수

김현희 제5시집 | 채운재 시선 179

옹이박이

채운채 | 정가 12,000원

무얼 크게 바라며 살아온
것도 아닌데 삶은 녹록지 않아
제 살 파고든 옹이가 아프다
바람 불면 바람 들고 비 오면 비가 새고
눈 오면 굳어버려 제 의지로
구부리지도 못한다

김현희

다솔문학회 회장, 한국문인협회 회원, 현대문학사조 편집위원
안중근의사 의거 108주년 기념 전국학생백일장 시부문 심사위원
2016년 서정문학대상 수상, 문예계간 시와수상문학 2017년 문학상 수상
2020년 현대문학사조 작가상 최우수상 수상, 제6회 배기정 문학상 수상

개인저서
『달팽이 예찬』, 『어둠이 말 걸다』, 『생선살 발라주는 남자』
『노루 꼬리가 길면 얼마나 길다요』, 『옹이박이』

공동저서
『다솔문학 동인지 초록물결 1~10집』, 『다솔문학 사랑시집 1~4집』
『다솔문학 동시집 〈참새들의 모꼬지〉』

조동현 시집 | 채운채 시선 176

몽愛 몽애

채운채 | 정가 12,000원

그저 난 허무의 길에 서서
그대에게 난
허상의 그림자리니
비 그친 후 물안개처럼
몽애 속으로 길을 걷는다

조동현

현대문학사조 시 등단, 한국문인협회 회원
현대문학사조 서울지부 지회장, 다솔문학회 사무국장
숨문학작가협회 이사, 선진문학작가협회 회원, 글벗문학회 회원
다솔문학 문학상 (희망의 씨앗을 파종하다 동인지)
글벗문학회 9회 백일장 우수상

연재) 청주일보, 커피 헤럴드신문, 더 최고신문, 선진문학 뉴스
공저) 현대문학사조, 다솔문학회, 글벗문학회,
　　　숨문학작가협회 동인지 다수 참여
저서
1 시집『그 남자 항상 대기 중』
2 시집『몽愛 (몽애)』

다솔문학 동인지 · 초록물결 제11집

꽃잎 편지

52인의 시선집

청옥

연심 박순옥

《서정문학》시 부문 등단(2015)
다솔문학회 고문, 한국문인협회 회원, 부산문인협회 회원
부산시인협회 회원, 청옥문학협회 부회장, 영축문학회원
수상: 서정문학 시인상(2015), 남재문학 작가상(2018)
시와수상문학 문학상(2018), 꽃시마을문학 작가상(2019)
김어수문학상 우수상(2020), 사) 한국문인협회 이사장
표창장(2022), 한국꽃문학상(2023)
시집:『커피 내리는 아침』『머문 자리 꽃자리』
『사람도 풍경이 된다』『바람의 장난』
동시집:『달빛』

아름다운 꿈이라도 꾸어보자 / 양파 / 소주 세 병

아름다운 꿈이라도 꾸어보자

밖을 내다보니 캄캄하다
낮이 짧은 겨울
누가 쫓아와 떠밀기라도 하는 듯
밤을 빨리 데려다 놓는다

창문을 열자
훅하고 들어오는
동짓달 찬 기운
가슴을 밀치고 볼을 훑는다

오늘 밤만큼은
지금까지 꾼 꿈보다도 더
아름다운 꿈이라도 꿔보자

누군가의 품 안에
누군가의 눈물 속에
누군가의 가슴에 반짝이던 별

머리맡에 두고
어릴 적 재미있게 읽었던
동화책 속
그 주인공이 되어보자

양파

껍질 벗겨내다
뽀얀 속살을 보았다

보이지 않으려고 애쓰듯
품어내는 매콤한 향에
매운 눈으로 보고 말았다

익히면 익힐수록 맛을 내는 달콤함은
혀끝을 유혹하고
참다 참다
그 흰 살결에 입맞춤도 했다

어떤 음식에 섞어도
잘 맞는 궁합을 가진 양파
뽀얀 살을 섞은 반찬들
저녁 식탁이 풍성하다

소주 세 병

네 명에서 한 명을 떠나보내고
마주 앉은 세 여인

비어있는 의자는
한숨으로 거두어 품고
주문한 소주 세 병

술 약한 나에게 독인
대선 소주의 도수는 16.9

말하고 싶어도 삼키고
각자 한 병씩 비워낸
소주 세 병

세 여인을 대신해
탁자 위에 누워 서럽게 운다

조충호

다솔문학회 고문
한국문인협회 회원
곰솔문학회 회원

벚꽃은 활짝 피었는데 / 詩를 쓰다가 / 덧없는 하루

벚꽃은 활짝 피었는데

모두가 봄이라 자지러지는데
허공에 뜬 구름마냥 정처 없다
애써 벚꽃 아래로 지나 보지만
벚꽃이 국화마냥 더 희게 보인다

어머니 소품을 챙겨 왔을 때
마지막 남은 체온을 떠 올리며
다독이며 스스로 건넨다
애쓰지 말자 시간이 약이다

사업한다고 바쁘다는 핑계로
어머니 손잡고 꽃구경 한번 못 가고
남들은 효자라고 하는데
지나고 보니 불효만 했는데

소박한 살림에 거칠게 산 삶
본따서 사는 게 도리라 여긴다
매년 봄꽃이 필 즈음이면 생각나겠지

국화꽃 옆에 서 계신 어머니!

이제
저 멀리 꽃구경 가신 어머니

詩를 쓰다가

늘 그리워하는 그 마음
왜 이리 젖어 들지 못할까

저무는 해는 마음도 가져가는가

밤새워 썼다 지운 詩
그 옛날 애태우던 기억은 또렷한데

詩를 쓰고 또 써도
마음은 벌써 자갈밭이다

덧없는 하루

하루가 쏜살같이 지나간다
출근해서 꼼지락거리면 점심
커피 한잔하고 현장을 둘러보면 퇴근

종일토록 하는 일이 별반 없어도
이런저런 상념에 빠지다 보면
밤은 오고 잠이 온다

머리 처박기를 몇 번 하다가
마무리가 덜된 일들을 생각하다
반항을 포기하고 잠자리에 든다

그때가 대략 12시다
평생 일만하다 갈 거냐고 타박 놓던
아내도 먼저 잠에 든다

이게 하루다 참 아쉬움이 많다
아무 생각 안 하면 참 편하다
무슨 생각해도 좋을 나이에 부끄럽다

은하 김 현 희

다솔문학회 회장
한국문인협회 회원, 현대문학사조 편집위원
안중근의사 의거 108주년 기념 전국학생백일장 시 부문 심사위원
수상: 서정문학 대상(2016)
문예계간 시와수상문학 문학상(2017)
현대문학사조 작가상 최우수상(2020)
제6회 배기정 문학상
서울지하철 승차장 안전문 공모 시 7편 게재
시집:『달팽이 예찬』『어둠이 말 걸다』『생선살 발라주는 남자』
『노루 꼬리가 길면 얼마나 길다요』『옹이박이』

어느 날 문득 / 그랬지 그랬어 / 만만한 사람

어느 날 문득

삶이 그런 것이려니 하다가도
중심을 잃고 비틀거렸던 순간들
하늘과 땅이 맞닿아 헤어날 수 없었던
억압의 나날들
그 모든 것이 당신 탓이라고
당신을 바꿔보려고 채찍하며 살아온
내 삶의 기록들을 들춰봅니다

어느 날 문득
백발이 성성한 머리와 양쪽 불균형인
어깨를 짊어진 당신의 뒷모습을 보았습니다
어둠이 채 걷히지 않은 새벽길
현관문을 나서는 뒷모습에
가슴이 쿵 내려앉던 날
당신
참
고생 많았군요
공동체 운명으로 출발했으면서
나는 왜 매양 당신 탓만 했는지 모르겠습니다

쇠심줄 인연으로
당신 덕분에
지금껏 무탈하게 살아왔다는 것을
모르지 않았지만
이제야 당신의 뒷모습을 봅니다.

그랬지 그랬어

봄이 그랬지
꽃이 그랬지
아름다운 건
혀끝에 매달아
크게 높게 환호성을 지르라고

봄이 그랬지
꽃이 그랬지
질타할 일 생기면
그러든 저러든 웃어주는
꽃을 닮으라고

그랬지 그랬어
꽃이 그랬지
아름다운 건
마음에만 담지 말고
큰 소리로 노래하라고

만만한 사람

한밤중에 전화해서
얘기하고 싶은
너는 나에게 만만한 사람

전화번호부 다 뒤져봐도
전화번호 누를 사람
너밖에 없어

너는 나에게
그리 만만한 사람

늦은 밤 나의 허물을 다 게워놓고도
괜한 얘길 했구나 싶어
주워 담고 싶은 생각이 들지 않은
나에게 너는
그리 만만한 사람

청림 서정원

등단: ≪현대문학사조≫ 봄호 시(2021)
봄호 시조(2022)
다솔문학 부회장, 현대문학사조 부회장
한국문인협회 회원
시집:『선퇴의 꿈』『청림원의 노래』

초코렛힐(Chocolare Hills) / 로복강(Loboc River) 위에 서서 /
사월의 바람

초코렛힐(Chocolare Hills)

바다도 땅이 그립다
태곳적
늘
넓은 바다 그 속을 훤히 보고 싶었다

그 누구든
감히 접기 하기 힘든 넓이와 깊이
단 한번 숨쉬기조차 힘든
물론 지금까지도

바다도
사람이 무척 그리웠나 보다
올록볼록
온갖 바다의 기를 내 품으며 뭍으로 기었다

수천수만의 세월이 흐르고 흘러
산봉우리가 되고
그 낮은 해저마저도 높은 산이 되었다
아, 그랬었구나

끝내
그
바다가 꿈을 이뤘다
이젠 또 바다가 그립지는 않을까

로복강(Loboc River) 위에 서서

저
유유히 흐르는 물을 보라
필리핀의 아마존 숲을 거쳐
아래로 아래로 흐른다
단, 한 번도 멈춰 잠을 청한 적이 없다
누군가 만들어 놓은 반듯한 길도
안내자도 없다
길이 없으면 길을 만들며 그저 흐른다

하늘을 닿을 듯 키 큰 코코넛 나무
이름을 알 수 없는 수많은 나무와 사람들
풀과 흙과 바위들도 앞을 가로막아 보지만
그저 그것들을 피해 돌고 돌아 흐른다
필리핀, 보홀을 거쳐
길고 긴 밀림을 통과해
비교적 장애물이 없는 넓은 강
지금 내가 로복강에 서 있다

잠시
아주 잠시
눈 깜박이는 아주 짧은 시간
그 사이 저 앞에 바다가 펼쳐져 있다
태평양
끝이 보이지 않는 세상
비로소 다 이루었을까
이제 난 어디를 향해 날개를 펼까

사월의 바람

진달래 핀 숲속에 바스락바스락
고라니 한 마리 봄을 누빈다
가끔 멈춰 서서 키 높이고 귀를 세운다
앞마당 목련은
겨우내 입은 검은 옷을 모두 벗고
속살 속에서 풋사랑 향내가 난다

나무 밑 민들레 덩달아 미소를 짓고
그 옆 달래는 빙빙 돌며 산발 춤을 춘다
매화에 이어 살구도 봉긋 가슴을 드러낸다
서둘러 핀 복수초는 고운 얼굴 탈까
얼굴을 가리고 잠에 빠졌다
담장에 진달래는 바람 따라 흔들흔들

여기저기 동네방네
불쑥불쑥 익숙한 그림이 펼쳐지고
짙은 향기가 진동한다
내 마음도 사월 꽃바람 따라

흔들흔들 방향을 잃어버렸다
어디일까, 어디로 갈까나

조동현

등단: ≪현대문학사조≫ 시
한국문인협회 회원, 한국문인협회 회원, 다솔문학회 사무국장
숨문학작가협회 총본부장, 선진문학작가협회 기획실장
다솔문학 문학상 「희망의 씨앗을 파종하다」
수상: 숨문학작가협회 숨문학 대상 「몽애」
글벗문학회 9회 백일장 우수상
시집: 『그 남자 항상 대기 중』『몽애』

굳은살 / 꽃을 훔친 도둑 / 추회

굳은살

전쟁 같은 삶을 살아 내려고 손바닥에 물집 잡히고
딱쟁이 앉아

지문은 닳아서 보이지 않고
굳은살이 버석거린다

풍상에 깎여 나간 바위처럼 아픔조차
다 깎여 나갔다

이제 남은 것은 단단해진 몸의 굳은살

삶이라고 말하는 그것들이 내게 훈장이라고 말해준다

오늘도 그 훈장을 가슴에 붙이고
당당하게 세상 바람을 맞는다

꽃을 훔친 도둑

겨울 헌 옷 훌훌 벗고

산책길 점령했던 벚나무
새 옷을 입었습니다

새 옷 입어 좋다고 웃음꽃
만발합니다

눈길 사로잡고 추파 보내오는
저 흰 빛들이

이제 바짓가랑이마저
붙잡고 늘어집니다

어찌할 도리 없이
꽃향기 통째로 훔친 도둑이 되고 말았습니다

추회

봄바람
실개천의 꽃들은 하나둘
다투어 벙글고

봄빛 속에 서서
지나간 젊음의 시간을
돌이켜 보니

이순의 세월에 닿아서야
시퍼런 추회로 남아

정녕
지나간 것들은 아름다운
흔적을 남긴다

석정 이 종 철

다솔문학회 총무국장, 한국문인협회 회원
서울지하철 안전문 시 공모
시 게재 「너는 나의 봄이다」
공저: 다솔문학 동인지 『초록물결』(1집~11집) 참여
다솔문학 사랑시, 동시 참여

계절이 보내온 편지 / 문장들의 수다 / 삶의 페달

계절이 보내온 편지

겨울이 배앓이 할 때
다독다독 잘 다독여 주었더라면
겨울이 품고 있던 봄을
가볍게 해동시켰겠지

봄인가 하면
찬바람 불고
봄인가 하면
찬비가 내린다

꽃이 피는 봄이라도
봄을 품었던 겨울이
난감했음을
잊지 말아야지

문장들의 수다

게으름을 물리치고자
책을 펼치고 펜을 든다

망상 속을 떠도는 문장들을
붙잡으려 했던 무지의 시간과
일상의 잡다한 이야기를 모조리
쌓아 올린 수닷거리를 적던
그때를 생각하면 낯이 화끈거린다

마음을 쏟아
진심을 쏟아
심혈을 기울여
각혈하듯 읊어보련다

삶의 페달

두 다리로 페달을 밟아
삶을 익혀 갑니다

두 다리로 페달을 밟아
세상을 둥굴립니다

페달을 빨리 돌리면
앞서 나가는 것은 진리입니다

그러나
앞서 나간다고 해서
꼭 삶을 잘 익히는 것은 아닙니다

혼신의 힘을 기울여
페달을 밟아야 할 때도 있지만
각자의 호흡에 맞게
페달을 밟아
잘 둥글리면
둥글둥글한 세상
둥글둥글하게 살아갈 수 있습니다

신 재 균

다솔문학회 회원

악수 / 불새 / 정자

악수

자네가 내민 첫 손은 참으로 따스했네
세상에는 없는 사랑이라 느껴
펑펑 눈물 쏟으며 두 손 잡았었지
부처님 귀를 쫑긋 세우고
목탁 같은 울대로 세상을 두드리면
어지러운 한순간도 순한 양처럼 잠들었다 믿었던
열 길 우물 속은 알아도
사람 속은 모른다는 속담을
한참이나 지나쳐 버린 나는
뼈저린 한탄 속에 빠져
거짓말의 왕국 전장 터의 한복판에서
살아남기 위한 수를 생각하네
계산된 새장에 갇힌
어린 새들의 생명을 담보한 장난질에
휴화산은 터져 폭발하고
조용했던 세상은
알 수 없는 미궁 속으로 빨려 가리니
사람의 탈을 쓰고 개보다도 못한 앞발을 아무 데서나

제발,
먼저 내밀지 말게
사람으로 살아간다는 게 부끄럽지 않게

불새

나는 영원히 타오르는 불새이고 싶다
밤새도록 깃털들을 고르고
무거워진 눈꺼풀을 달래가면서
나를 기다리는 세상 속에서
찬란하게 타오르는 한 마리 새가 되기 위하여
어설픈 비행에서 그을렸거나 구멍 난 털들을
이슬이나 얼음으로 빗질하고 찜질하며
내일의 하늘을 새롭게 설계한다
새벽부터 저녁까지 쉴 새 없는 날갯짓으로
어둠과 추위를 지켜내려 혼신을 다하지만
누구에게나 빛이 머무는 건 아니라서
동굴 속에 간신이 살아남는 것만으로도
대단한 축복일 수도 있다
남루한 초승달 빛 아래에서
구멍 난 털들을 덧대고 기워가면서
여린 불빛에도 감사의 기도를 드린다
단지, 불새는
나를 기다리는 세상을 위해

영원히 타오르는 불빛으로 날아오르는 기적 속에
한 줌 마지막 남은 재가 다 탈 때까지
자신을 불태워야 한다
너와 내가 손잡고 살아가야 하는 사랑을
시뻘겋게 타오르는 날갯짓으로
우주의 어둡고 시린 시간을 지켜내야 한다

정자

느릿하게 여러 고을을 돌고 돌아
저릿한 저녁나절 접어든 허름한 정자 하나
마을 어른들도 자리를 비운
먼지 앉은 자리에 무거운 몸을 내려놓는다
마을이래야 삼사 호 안팎의 산속 오지인데
정자 앞집 젊은이의 입담이 거칠다
다리도 속도 마음도 지친 떠돌이 나그네에게
태풍 같은 안부라니
얼굴을 돌려 마을의 형세를 살펴본다
깎아지른 듯 급한 절벽에 간신히 흐르는 물
언덕에 기댄 비스듬한 틈 사이로
음택과 양택이 어깨동무하고
얼마나 버텨왔는지 허름하게 간신히 서 있다
이제는 가슴을 열고
산 자와 죽은 자들이 더불어 살아가면 좋으련만
똬리를 튼 독사처럼
기득권의 혀를 날름대는 허름한 정자
더 깊은 어둠이 오기 전에 나그네는

오늘밤 이슬을 피할 자리를 찾아야 한다
눈꺼풀은 무겁고 산 넘어 여우 울음소리도 어설피 들려오는데

황 상 정

시사문단 작가협회 회원, 지필문학 회원, 다솔문학회 회원
한국예술인복지재단 예술인 작가
수상: 제6회 샘터문학상 시조 부문 대상
제9회 지필문학상 시 부문 최우수상
제17회 풀잎문학상 대상
제2회 한용운문학상 시조 부문 특별작품상
시집:『홀로 선 지팡이』『지붕 위의 꿈과 행복』
『보랏빛 향기』『봉평 연가』

춘몽春夢 / 관솔 / 맷돌 살이

춘몽春夢

흐르는 세월 따라 웃으며 살아왔고
가슴속 아플 때도 남몰래 울었는데
이제 와 돌아보는 삶 쓸쓸함만 서글퍼

구름 위 걷던 행복 새벽녘 이슬방울
한때의 슬픔들과 한때의 기쁨들이
모두가 춘몽이라네
부질없는 인생사.

관솔

아니야 가라지 머 마음 편히 가라지 머
나 떠나가겠다니 붙잡지 않겠다네
더불어 함께 했던 날 그림처럼 떠올라

함께한 동고동락 행복했던 지난날이
주마등이라든가 눈물은 흐르는지
꿈같이 흘러간 시절 안개처럼 피어나

다시금 만나는 날 새로이 태어나고 빛나던
지난날을 되새겨 그려보며 돌아올
무지개 행복한 몸 되어 살리라.

맷돌 살이

돌아야 먹고 사네
한 번에 한 숟갈씩 머리가 어질하고
하늘은 샛노랗네
얼마나 더 돌아야만 밥 한 공기 먹을까

밤하늘 바라보다 잠이든
어처구니 코까지 골아대며
곤히도 잠들었네
얼마나 고단했으면 흔들어도 모를까

멀리서 들려오네
새벽이 오는 소리
오늘은 또 얼마나 돌아야 먹고살까
고달픈 맷돌 살이라
눈물만이 서러워.

순수 조 순 자

≪국보문학≫ 시인 수필 등단
신인 문학상 수상
좋은문학예술인 문집 기고 시연문학집 공저
다솔문학 동인지 활동

초록 물결 사랑 / 봄 편지를 그대에게 / 기럭지 홀로서기

초록 물결 사랑

강산이 변한다는 십 년이 지나도
초록을 담은 시어의 사랑은
변함이 없다

유독 초록빛을 좋아하는 나
씨앗들이 한 톨 한 톨
발아된 햇살 한 수저
떠먹고 자란 초록
글밭의 숲
다솔문학회

사시사철 시향과 함께한다
속삭이듯 밀려오는 봄소식에
잠에서 깨어났다
늘 안도감을 주는 초록빛 꿈
헤벌쭉 웃음이 나온다

점차 무르익는 초록 물결

사계절 무럭무럭
자라는 꽃향기 멀리 퍼져
성장하는 다솔문학과
동행중이다.

봄 편지를 그대에게

견딜 수가 없어서
기다릴 수가 없어서
감성의 주머니에
주섬주섬 담아
봄꽃을 피웠지

눈꽃 하얀 목련
수줍어 얼굴 노래진 개나리
눈송이 화사한 벚꽃

하얀 떡가루가
폭탄으로 쏟아지는 봄

온 세상 축제의 봄
봄을 맞는 모든 이들에게
사슴처럼 긴 모가지인 나에게
봄꽃은 화들짝
꽃망울을 안겼다

기럭지 홀로서기

길 가다 쳐다보며
중얼중얼 마세요

누가 뭐래도 나는
아직 자라야 하거든요

때에 따라서 하늘 높이 더
기다랗게 자랄 거예요

자연의 순리대로
기럭지 수세미로
자랄 거예요

악한 세상에
높아만 진다고
참 밉상이라고
속닥속닥하지 마세요

풍운 **변 정 연**

다솔문학회 회원
시연문학집 문학회원
시집:『노을빛 사랑』

긴 기다림 / 백목련 / 이웃사촌

긴 기다림

너를 기다린다
하염없이 긴 시간
변함없는 너의 모습
둘만의 텅 빈 외로움

바람과 구름이 변하여
따뜻한 해가 떠오르면
해님을 바라보고

봄비의 젖은 옷이
초라해 보일 때
물방울을 만들었지

뽀얀 얼굴로
불그스레 웃으며
반겨주는 그 모습
기나긴 기다림에
눈물 적시며

둘만의 눈빛으로
주고받은 아름다운 대화
붉은 입술 내미는 그 모습에
나의 작은 가슴을
열어 본다

사랑한다
나의 친구여

백목련

앞마당 아름드리
백목련 고운 자태

길손 지나가며
감탄 소리 울림이

한밤중
밝은 둥근달
담장에 걸쳐있어

내 마음 외로운 맘
달랠 길이 없으니

백옥의 피고 지고
사라지는 모습들

내 인생
한평생을
보여주고 있구나

이웃사촌

새봄의 개나리꽃
높은 담장 수놓은

새봄맞이 노랑 옷
추위를 녹여주니

가녀린
노랑나비 춤
파르르 날갯짓에

시샘하는 동장군
해님이 혼내시며

하얀 나비 부르니
벚꽃이 화답하네

개나리
하얀 벚꽃은
이웃사촌 친구다

해랑 금 문 정

나드림학교/칼리지 미술 교사
밴드 시인
다솔문학 『초록물결』 동인
다정문학상 수상

물가 그 묶음 상술 / 나에게로 온 메시지 / 누이야 3

물가 그 묶음 상술

싸게 파는 척
제발 묶음으로 팔지 마라
얄팍한 상술商術로 현혹眩惑하지 마라
돈 없는 서민들은
낱개를 사야 한 끼 식사를 때운다네

묶음으로 팔면
파는 저들은 제대로
묶음 목돈을 만지겠지만
돈 없는 서민은 묶음 목돈이 없어
비싼 낱개로
한 끼 식사를 때워야 하네

질 좋은 상품이나 묶어서 파는 물건은
돈 있는 자들에게나 팔면 되고
비싼 값의 상품이라도 그냥 낱개로 팔면
서민들은 울면서
겨자라도 먹어야 하지 않은가

제발
묶어서 싸게 파는 척하지 마라
묶어서 팔면 파는 저들은
묶음 목돈으로 회전 돈을 만들겠지만
없는 서민은 낱돈조차도 없어
굶어야 할 판이네

아서라 상술에 눈먼 자기들이
돈 없는 서민들은
날마다 겨자를 먹고 눈물을 흘린다네
제발 싸게 파는 척
상품을 묶음으로 팔지 마시라
세상에 공짜가 어디 있더냐

나에게로 온 메시지

백설白雪 흐드러진 백야白夜의 꿈은
분명
누군가가 나에게 오려는 메시지일 것이다

나목裸木에 고이 핀 설화雪花는
아마도 생명을 움트게 하기 위한
닦달로
슬그머니 나를 불러내는 차가운 바람이다

너에게로 가야지 하고 아리한 그리움으로
설마
너도 나에게 올 생각이었던가

잠시 세상을 지운 하얀 여백餘白 위에서
사뭇
그날을 기다려 본다

누이야 3

봄 다가오니
미처 떠나지 못한 동장군冬將軍이
춘삼월春三月을 시샘하네

깨고락지 눈 비비고
경칩절기驚蟄節氣에 기지개를 펴는데
허허

누이야
노란 산수유꽃 피어난 봄 동산에
소풍 가자

동장군이 제아무리 설쳐도
노랑나비 팔랑팔랑
날갯짓 한 번이면

봄꽃 정령精靈들이
봄바람 불러
봄 마중한다네

진선 **김 명 동**

≪문학저널≫ 시 부문 신인상(2012)
한국문인협회 회원, 경북문인협회 회원, 영양문인협회 회원
시집: 『물음표를 지날 수 없을까?』

홍염 / 향긋한 들킴 / 겉절이

홍염

목련이
스친 나절
홍염에 들면
예쁘게 흐르니

향긋한 들킴

가만히 꽃말을 부치면 설레는
향긋한 미소를 기다린 들킴은
짝사랑 그리며 멈추던 흔적과
따뜻한 겨울이 흐르면 합니다

겉절이

참꽃이
솜씨 뽐내
봄을 겉절이
개꽃이 반하네

筆苑 김부식

다솔문학회 회원, 남도문학 회원
공저 『초록물결』 6~10호 『사랑 시집』 4호
『들국화 연가』 『캘리그래피 시화집』 참여

풍경 / 기쁘고 아픈 봄 / 꿍꿍이

풍경

장마당
첫 들머리에
꼬부랑 노파

흰머리에 두른
머릿수건 밑으로
세월이 고인 눈동자

청룡등* 산마루에 계신
보고 싶은 울 엄니
가름하신 그 얼굴이

나지막이 내리는
햇살 타고 환영처럼
겹쳐졌다 사라진다

떼지 못한 발길에
갈퀴 발 같은 손에 쥔
상추 한 움큼을 건넨다

앙상한 손등 위에서
햇살이 떨어져
남루한 손지갑에 고인다

오늘도 장터에서 만난 엄니 덕에
삼겹살이나 구울 양으로
푸줏간 로터리에 이르니

건물과 건물의
새다구* 비집고
석양빛이 물들어 타고 있다

* 부모님이 계신 산소의 자리 이름
* 새다구-틈의 전라 방언

기쁘고 아픈 봄

어린 쑥 쑥꾹쑥꾹
돋아 핀 언덕 위에
아즈랑 아롱아롱
꽃피듯 피어나네
빈 하늘 새들의 길에
노고지리 우짖네
산모퉁 듬성듬성
두견화 화심 따라
꽃 끝동 사르라니
어르는 바람 끝은
제비꽃 화심에 앉아
해지는지 모르네
누이가 좋아하던
개나리 노란 빛깔
올봄도 울타리에
화창한 畵房 짓네
용오름 피어나는데
나만 홀로 애달프다

꿍꿍이

꿍꿍이속이 있어
그곳에 서 있겠지
벌 나비 꾀려고
그곳에 폈을 테지
꿍꿍이 애틋한 마음
보아줌도 좋은 일

속셈을 품어 봄에
나도야 즐거웁다
달달한 그 맛깔은
너는야 꿀 표 사랑
지긋한 그 표정 탓에
하루해가 짧구나

고 광 숙

다솔문학 동인지
『초록물결』 제8집 제11집 참여

꿩의 바람꽃 / 나, 너랑 차이 / 명태의 별명

꿩의 바람꽃

달콤한 봄빛 향기에 취해
초록 스커트를 내렸다

하얀 허벅지 사이로 펼쳐지는
꿩의 날갯짓 같은
탐스러움이

숲속에 묻혀
따스한 님의 손길 그리워하듯
팔랑 이네

늘 순수하고 맑은 그녀의 눈빛
화려하진 않아도
은은한 고귀함으로

그대 마음속에
분홍의 하트 문신을 새겨놓고
싶다 하네

나, 너랑 차이

분홍 립스틱 곱게 바른
화사한 진달래
화려한 축제의 봄날에
맏며느리 화전놀이 위에 앉아
알콩달콩한
첫사랑 향기 담고 있지요

저만치에서 발끈하듯

진분홍 저고리에
짧은 초록 치마 차려입은 철쭉이
숲속의 요정이라
옷고름 활짝 풀어제치고
색다른 유혹을 하듯
시샘 부리는 개꽃

명태의 별명

엄니 품에 안겨 쥠쥠 할 때 노가리
자수성가하고 나니 생태라

육지로 이사 와서 몸을 풀고
꽁꽁 얼어 버렸다 동태탕이 되었네

또 코에 걸어 코다리, 폭신한 살점
장작 패듯이 후려쳐 북어야 아프냐

하얀 눈 휘감고 노랗게 분칠하였지
황태라 부르네

푸른 세상 속에서 뛰어놀다
어디로 갈까 그곳에서 새 이름

하 강 섭

《에세이문예》 신인문학상 (2021)
다솔문학회 회원, 곰솔문학회 회원
『초록물결』 동인지 9, 10, 11호 참여

추봉도에서의 하루 / 꽃잎 편지 / 봄날의 시인

추봉도에서의 하루

응고된 마음은
봄바람에 녹여야 하고
인간 도시 짝 잃은 새
비익조라도 되려면
통영시 한산면 추봉리 221번지
추봉도 가두리 양식장으로 가야 합니다

차가운 물 속 아이들
나의 발자국 소리에
귀 문 열어놓고 있으리라
한여름 뙤약볕 아래
고등어 전갱이 빻아서
밥 한 끼 준 것이 연이 되어
된바람 살 속 후벼 파는 겨울 지나
봄까지 나를 기다리고 있으리라

참돔 돌돔 볼락 고등어들
그물망에 갇혀

나를 그리워하고 있으리라
날 선 바닷바람과 싸우며
새우등처럼 허리 한 번 펴보지
못한 양 선장

오늘 밤 부딪히는 술잔 속에
별빛 사리 띄워 마시면
너는 허리 펴지고
나는 비익조 될까

꽃잎 편지

일 년 내내 녹슨 마음 밭
봄에는 꽃처럼 피어나야 한다며
매화꽃 순정이 꽃등을 밝히는
섬진강 변으로 가는 당신과 나

뚝방길 걸으며 봄바람이
전해 주는 말
꽃은 비바람에 흔들려도
사랑은 흔들리면 안 되는 일
손을 꼭 잡고 걸어야 해

맑은 물속에서
속살이 훤히 들여다보이는
은어 떼들
힐끔거리며 쳐다보더라도
당신과 나 사이에 피어난 사랑
시들지 않게 오래오래
꽃피우며 사는 거란다

봄날의 시인

한낮의 아지랑이가
응달진 곳 구석구석을 돌면서

잠자는 개구리 뱀 등을 깨우더니
오후 3시경
꽃그늘 아래 누웠다

길고양이는 괭이밥을 연신 씹어 삼키고
시인은 봄 길을 사뿐사뿐 걸으며
핸드폰으로 벚꽃 목련 개나리 등을
스캔하기에 바쁘다

스캔한 풍경을 하나하나 긁어모아
공책 갈피에 끼운다
시인은 땅거미 내리는 저녁까지
시어를 찾아
들과 산을 헤맨다

하늘꽃 윤 외 기

≪문학愛≫ 등단
다솔문학회 회원, 문예마을 이사, 문학춘하추동 이사
현대문학사조 회원, 푸른문학 회원, 문학愛 회원
수상: 강원경제신문 코벤트가든문학상 대상
김해일보 신춘문예 우수상
시집:『그리움의 꽃잎편지』『갈바람이 전하는 연서』
『IN-N-OUT의 비밀』『너의 이름은 사브라』
공저:『초록물결』5~11호,『쉴만한물가』1~7호 외 다수

용서 / 꽃 지면 당신도 오시렵니까 / 시크릿 가든

용서

기다리지 않아도
사랑으로 찾아온 당신
내 마음 다 보여드립니다

사랑한다고
말할 수밖에 없는
운명이기에 사랑합니다

시들지 않는 마음
당신 앞에 내립니다
아니 내 앞에 내려놓습니다

가슴 아프게 해도
사랑했던 마음 때문에
상처 낸 사랑도 용서합니다

꽃 지면 당신도 오시렵니까

가슴속 봇물 터지는 서러움
꽃이 피고 지면 혼자 다 갖고 싶은지
목덜미 속에 뜨거운 액체 삼키듯
마른침 꾸역꾸역 밀어 넣는다

보일 듯 말듯 내가 사랑한 당신은
오직 나 혼자이길 원하지만
키 작은 사연으로 간직한 당신은
묻지도 따지지도 않고 속앓이 전한다

우연히 찾아든 인연에 시린 가슴
자박자박 내리는 빗줄기마저
그렇게 가슴 속으로 파고들어 오더니
꽃피고 지면 기다린 당신도 오시렵니까

시크릿 가든

꽃향기 따라갔더니
아쉬움으로 여울진 그곳에
내게 사랑을 안겨준
그리움이 떡하니 자리하고 있었다

골목길 접어들 때마다
눈에 아롱지는 꽃향기 피우며
하나, 둘 따라오더니
누가 먼저랄 것 없이 품에 안긴다

숨결 따라갔더니
눈꼬리 치켜든 꽃자리마다
미치게 보고 싶은지
시뻘건 꽃잎 움켜쥔 향기 날린다.

선덕 김 산

다솔문학회 회원

사랑이 곁에 있을 때 / 향기 / 한숨

사랑이 곁에 있을 때

사랑이 곁에 있을 때는
사랑의 소중함과
사랑의 아름다움을
느끼지를 못하고

사랑이 떠난 뒤에야
사랑의 소중함과
사랑의 아름다움을
알고 느끼더이다

이별하기 전에는
이별의 아픔을 모르고
이별을 해봐야
그 아픔을 느끼며
아파하더이다

배가 부를 때에는
배고픔을 모르고

배가 고파봐야
배고픔을 알고 느끼더이다

이 모든 것들이
하나를 줘야
하나를 내어주더이다

향기

가고 싶어도
갈 수가 없고

보고 싶어도
볼 수가 없네

꽃 피는 봄은
찾아왔건만

그리운 님은
보이지 않고

꽃향기는 봄바람 타고서
곁으로 날아오는데
님의 향기는
오실 줄 모르네

한숨

어릴 적에 하루는
한 달 같이 느껴지고

중년이 된 지금
한 달이 가는 것이
하루 같이 빠르구나

아
해가 뜨고 지는 것이
왜 이리도 빨리 가누
한숨만 흘러나오는구나

덕천 김 용 수

《시학과 시》 겨울호 등단(2021)
시학과 시 회원
다솔문학회 회원

시인의 마음 / 꽃잎이 날다 / 동백꽃

시인의 마음

이슬 머금은 복사꽃
새들이 노래하는 내 고향
아침 해가 솟고
뽀얀 안개 걷히면
무릉도원 펼쳐지네

가슴 시린 사연들
꽃잎 속에 숨기고
가지마다 올망졸망
아름답게 피어나
넓은 들판 요란하다

봄은 매년 찾아와
온 들녘을 불 질러도
아직도 피지 못한
시인의 마음은
안갯속을 헤매네

산비둘기 구슬피 울 때
복사꽃 핀 마을마다
흩어진 수많은 사연을
모으고 모아서
시인은 눈 뜨리라
마음의 꽃을 피우리라.

꽃잎이 날다

비바람 물러가고
햇살은 포근히 고독을 품는다
눈부신 빛깔을 쏟아내며
하얀 영혼은 꽃망울을 터트리고

세상 미련 오롯이 담아
희미하게 웃고 있는 그 모습이
짝 잃은 철새처럼 슬프다
봄은 무르익어 가지만
한 송이 꽃을 못다 피운 채
이슬은 비 갠 허공을 맴돌다 사라진다

바람이 분다
어디서 와서 어디로 가는지는
알 수 없지만
수많은 꽃잎도 하얗게 따라간다
그래서
봄은 이별의 장송곡이다

오랜만에 포근한 햇살이 내리고
수정 벌 한 마리가 날아왔다
자신의 체중을 부양하기 위해서
날개를 빠른 속도로 내 젓는다

윙윙윙….
윙윙윙….

내 머리와 얼굴을 애절하게
쓰다듬고는 하늘 높이 날아간다
이로써 세상에서의 모든 의무는
끝이 났나 보다

광활한 우주 어딘가에서
시간도 고통도 없는 곳
사계절이 아닌 늘 봄만 있는 그곳에서
영원히 시들지 않는 꽃으로 피어나리라.

동백꽃

뚝, 뚝, 뚝...
가슴에서 굵직한 피가 떨어진다
동백은 계절의 변심에 절망하여
새빨간 핏방울을 흘리고 있다

세상인심이 탐탁지 않듯이
푸른 바다의 칼바람을 감당하기에는
너무도 버거웠으리라
얼마나 외롭고 아팠으면
채 가시지 않은 칼날로
스스로 후벼 파고 있을까

갖은 생각으로 밤을 뒤척이다가
해가 중천으로 향하고 나서야
바람은 구르는 꽃들을 잠재운다

아직도 반들반들한 잎새 사이로
빨간 입술을 삐죽이 내밀고 있어
나는 애살스러운 너를 꼬옥 껴안는다.

조 관 형

다솔문학회 회원

망각 / 풍류의 길 / 은메달

망각

나의 눈물에는
왜 웃음에 독이 있는가
아마도 살아 온 세월이
녹록지 않아서 그럴 게야

파도가
해를 깨워 무겁고
칙칙했던 겨울이 지나가고
세월이 구멍 난 가슴
내 기억 저편에서
머물고 싶은 바람에 의지하며
고정된 사고 틀에 사로잡혀
피곤에 지치고 생기마저
잃어버린 시간

세월이
유혹의 많은 등짐 뒤로
허물을 벗겨내듯이

"성찰의 시간"

달도 윙크하는 밤
세월의 마술은
허황된 꿈의 껍데기였나.

풍류의 길

이산이 좋을시고 저 산이 좋을시고
꽃 피는 팔도강산 솔바람 좋을시고
꽃향기 아름다운 봄 무릉도원 걷는다.

은메달

은백의 회색 도시는
미세먼지로 인해

메마른 대지 먼지만 일어
이슬비라도

달리는 자동차 매연
불변의 길목이라

은초롱 서늘한 길섶
어린 꽃떨기 피어

메아리 뻐꾹새 울음
가슴에 노을 지면

달달한 황홀한 순간
눈물 꽃 피어난다

배 동 현

다솔문학회 회원

옹이박이 / 사랑의 온도 / 봄이잖아

옹이박이

당신이 진흙인 줄을 알고
사셨던 어머니
가족들이 마음대로
주무르고 상처를 주어도
아무 말 없이 주신 사랑
너무나 감사했습니다
당신은 상처도 슬픔도
한 송이 꽃이라 말하였지요
피고 지는
이제는 꽃이 지고 슬픔만이
박힌 옹이로 내 마음속에
남았습니다
어머니 하늘의 품에서 영원히
평안해지시길 기원합니다

사랑의 온도

새싹이 돋아나기 위해선
따뜻한 온기를 조금씩 모아
얼어있는 땅을 서서히 녹여내어
돋아난다고 합니다
대자연의 질서 속에서
흘러가는 흐름대로 살아가는 것이지요
저도 살아가면서
저를 위해 응원해 주시는
고마운 분들의 사랑 관심
온기를 가득 모아
도움이 필요한 누군가에게
성큼 따뜻한 사랑을
나누어 줄 수 있는 사람이
되어야겠습니다

봄이잖아

편편히 오르고 내리는
벚꽃잎을 수놓은 거리
둥실 떠다니는 뭉게구름
연분홍빛 산자락이
노오란 담장이 참으로 곱다
내 마음은 몽실몽실
설레지 않으면 사는 게 아니래
짤랑거리는 동전 몇 닢 앞세우고
봄맞이 가야지
친구야 우리 김밥 한 줄 따라서
봄맞이 가자

이계창

시인, 시낭송가
한국문학시대 대덕문학 시삶문학회 촌티문학회 회원
노근리인권평화전국백일장 장원
시집:『꽃도 눈물을 흘릴 때가 있다』

순한 것 / 이월의 단상斷想 / 투영

순한 것

한 시절을 돌아서 오는 것은
모두 여린 마음을 가지고 있다

이른 봄,
꽃도 잎도 진하지 않은 순색의 들녘
개울가 수양버들 늘어진 연초록
산수유 개나리의 연노랑 꽃이며
매화밭에 출렁대는 하얀 향기
가지마다 달빛 걸린 목련꽃

장미꽃보다는 못해도
가을 국화 향기만은 덜해도
봄꽃의 향기에도 품위가 있다

꽃도 나무도
한 시절을 돌아서 오면
저리도 순수해지는데
나도 고향에 한 번 다녀오면

뒷동산에서 뛰어놀던
까까머리 개구쟁이의
순한 가슴이 뛸까

이월의 단상斷想

창가에 머무는 햇살이 참 곱다
겨울과 봄의 교차로에서
신호등이 노랗게 꽃을 피운다

짧지만 굵은 생명을 품은 이월
땅거죽들이 들썩이고
산에서 내려온 새들이 이른 봄을 쪼아대고
양지마다 가벼운 아지랑이
울타리 밑에 초록이 속울음 우느라
기지개 켜는 이월

아직, 바람에는
탱자나무 가시가 숨어 있고
마른 나뭇가지 끝에 걸린 시린 달빛이
마음 후비는 날 선 추위 속에
버드나무 가지가 움찔거리다가
발끝에 머물러있는 봄

후리지아꽃 한 다발 화병에 꽂으니
방 안에 가득 봄이 되는
키 작은 이월

투영

항아리에 빗물이 가득하다
쪽빛 하늘

뭉게구름은 똬리를 틀고
고추잠자리가 물장구를 치고
나비가 날개를 적시고 가면
둥근 파동을 만들어 바람을 부른다

항아리에도 밤이 찾아오고
별은 달빛 뒤로 숨는다
항아리 속을 들여다보면
나도 하나의 별이 된다

아침이면 항아리 위로 해가 뜨고
까치가 까치를 쪼아 댄다
말랑말랑한 물속
조용히 하늘을 품고
내 얼굴을 비추는
동그란 풍경화 한 점.

이 영 진

《수필춘추》 신인상(수필), 《종로문학》 신인상(시)
《월간문학》 신인상(민조시), 다솔문학상(시)
서울 지하철 시 공모전 당선

난 행운아다 / 그가 동쪽으로 간 이유 / 가치의 변화

살면서 좋은 스승 만나는 것은,
큰 축복이니라.

〈난 행운아다〉

깨달음 그것보다 더 큰 기쁨은,
그걸 나누는 것.

〈그가 동쪽으로 간 이유〉

학교 다닐 땐 공부 잘하면 최고지만
나이들면 삶을 즐기는 놈이 최고여

〈가치의 변화〉

김 영 숙

문학에스프리 동시 당선(2015)
수상: 광주문협 전국백일장 운문부 최우수(2015),
문학시선 제1회디카시 우수상(2020),
문학시선 수필 신인상(2020),
시학과 시 가을호 시부문 신인문학상(2021)
또바기문학회 시화전 참여(2023)

첫사랑 / 둥글게 둥글게 / 큰 우주

첫사랑

한 잔 기울이니
그녀가
잔에 스치고

두 잔 기울이니
그녀가
잔 주위를 맴돌고

세 번째 잔은 넘치는데
그녀는
새초롬하다

따를수록
오선지를 떠도는
도돌이표

마실수록
선명하게 그려지는
웃는 얼굴

둥글게 둥글게

조랑조랑
딸려 나오는
감자들

땅속에서
웃고만 살았나

삐죽삐죽
모난 녀석이
하나도 없다

큰 우주

시호는 좋겠네
요리 잘하는
아빠 있어서

시호는 좋겠네
같이 자전거 탈 수 있는
아빠 있어서

시호는 좋겠네
나무처럼 든든한
아빠 있어서

잊지 마라

아빠의 우주는
시호라는 걸

임 희 선

수상: 서정문학 시 부분, 문학고을 수필부문 신인상
경기신인문학상 수필 부문, 동시 부문 신인상
서정문학상대상
서정문학운영위원, 한국문인협회회원
한국문인협회 이천시지부 회원
시집: 『너는 담쟁이처럼』『초록물결』1~10집 공저 외 다수

별은 알고 있다 / 당신의 안부 / 잊혀진 시간

별은 알고 있다

교토 '도시샤대학교'
교정에 서 있는
키 큰 삼나무는
그분의 마음을
알고 있겠지

한 번쯤은
이야기 들었을 테니까
또 한 번쯤은
눈을 마주쳤을 테니까

넓은 캠퍼스를 밟고
늙은 교수의 강의를 들으러 가며
부끄러움을 알았던
청년 윤동주

다시는 건너지 못할
파랑 물결을 건너는 날
별빛도 그분을 따라갔겠지.

당신의 안부

아침에 나간 가족들의
하루가 궁금해지는
낮과 밤 사이

저마다의 자리에서
하루를 보내고 온 그들
한 줌 한 줌 곤함을 내려놓고
편한 숨을 쉬는 시간

당신의
모든 시간이 궁금해
전화를 걸어보는
저녁

나는 작은 별이 되어
당신의 창에
기대고 싶습니다

잊혀진 시간

 매일이 설날이었으면 했던 시절이 있었다. 돈 벌러 나간 친척 언니 오빠들이 오고, 맛있는 음식이 어느 집에나 있었던 시절, 그날은 어느 집에 가든지 맛있는 음식을 먹을 수 있었고 어느 집이든 대문은 열려 있었던 시절이 있었다.

 온 동네가 일가친척인 마을, 아침을 먹은 아이들은 세배 다니기 바빴고, 집 집마다 어른들은 세배받느라 분주했던 시간이었다.

 어른이 되어 찾은 나의 시골 마을, 대문은 닫혀 있고, 세배하러 다니는 아이들도 없고, 음식을 준비해 놓고 기다리시는 어른들도 계시지 않는다. 이젠, 바람에 나뭇가지만 흔들릴 뿐, 조용해진 나의 고향마을.

전미정

≪현대문학사조≫ 시조 등단
다솔문학회 회원
전북 여성 백일장 수필 입선
저서: 『모란을 꺾어든 여인』

삶 / 행복한 날 / 꽃을 닮은 여자

삶

살아있다는 것만큼
확실한 희열이 또 있을까

나는 지금 살아있고
그 밖의 모든 어휘는
살아있는 기쁨을 장식하는
도구일 뿐이다

왜 사람들은 잊은 듯 살까
나는 지금 살아있다
얼마나 다행스럽고 기쁜가

이 기쁨은 하루 종일 웃어도
못 미치는 표현이고
이 기쁨은 하루 종일 찬송해도
오히려 부족하다

죽음 앞에 울고불고하는 이유는
더 이상 살 수 없기 때문인데

산 사람들은 살아있는 기쁨을
잊고 사는 것 같다

살아 숨 쉬는 기쁨과 감사가
우리들 의식의 바탕에 깔려
매 순간
최상의 축복임을 느끼며 살자

산 사람의 기쁨의 노래로
다시 온 봄을 충만하게 채우자
새 한 마리
봄 하늘로 푸르르 나르네
꽃 한 송이
화사하게 피어나고 있네

우리들 마음의 봄은
살아있는 기쁨 위에
사철 피어나는 꽃

행복한 날

3을 지우고 4라고 쓴다
아, 4월이지

벌꿀의 향기를 따라갔더니
목련꽃이 흐드러졌다
아파트 모롱이에
자목련꽃도 피고 있네

꽃은 왜 피는가
꽃의 향기는 어디에서 오는가
바람인가
햇살인가
속 깊은 꽃의 마음인가

하얀 추억이
눈물의 추억이 된다 해도
백목련은 흰 꽃을
자목련은 보랏빛 꽃을 피우리라

변함없는 꿀 향기를 간직한 채
오래 그러하리라

어제를 지우고
오늘을 딛고
내일을 소망하는 우리는
향기를 뿜는 꽃들에게 지은 빚을
언제 갚을까

깊이 음미하며 용서를 구한다
너무나 황홀해서 눈물이 난다
흠~ 흠~ 흠~
향기를 들이키며
꽃처럼 사는 일을 생각해 본다

꽃을 닮은 여자

꽃이 피는 이유는
사랑을 가르치기 위함이지요
눈으로
코로
온몸으로
받는 기쁨을 배웁니다

조건 없는 보시에 목이 메지요
나 당신을 위해 한 일이 없어요
가슴에 오래 사무칩니다

나비의 날개처럼 하늘하늘
꽃잎을 피우는 이유는
사람에게 배우지 못한
맑은 정을 깨우치기 위함이지요

꽃을 보고 있으면
오래오래 그리울 꽃정이 쌓여
꽃 닮은 여인이고 싶어집니다

사랑한다고 말하는 남정네도
꽃 닮은 여인을 닮고 싶어 합니다
꽃의 의미로
사랑이 깊어지는 계절

김 영 진

시몽시인협회 회원
다솔문학회 운영위원

이름들 하나 되어 / 갈급 / 우리

이름들 하나 되어

쉬지 않고 허기진 하인 놈에겐 입시
병 죄 힘도 없는 평민은 밥
소리 눌러 점잖은 양반넨 진지
아수라 백작 아는 임금께옵선 수라
날마다 대자대비 부처껜 공양
그러는데
마당 한쪽 굳건한 석불
미소 너그러운 굵은 입
굽어보는 푸짐한 얼굴
쌓인 먼지 포근한 둥근 배
적나라한 이유가
매일 삼라만상 받아 드신 덕분이라네
방출될 거 없이 배부른 즐거움
있어, 그런 거라네

갈급

아무리 좋게 봐도

어제는
어두침침하기만 한 담장 밑
오늘은
깜짝 꽃이 피었다

화단 아닌 것이
땅 같지 않은 것이

꽃 핀다는 희망 있어
꽃 환하다는 확신 있어

기어코 피어났다

흙이 다잡은 담벼락 아래 의지
더께더께진 그늘 품고도 환해
낡은 담 받쳐 드는 꽃줄기 사이
쑥쑥 꽃빛 들어간다

우리

말벌처럼 날아들어 눈살 찌푸리는
사나운 말

함께 숨 쉬어 들락날락하는
예쁜 말

알다가 모르고
모르다 알고 마는
헛말의 희롱

헤아려 서로 다독이는 어깨
짐짓 어우렁더우렁한다

박영애

《현대문학사조》 시 부문 등단
아침햇살/남양주
다솔문학회 회원

자식들 / 봄의 향기 / 나의 아버지

자식들

오늘은
막내 딸내미 독립하는 날

직장 근처로 옮긴다니
불안초조 걱정이 앞선다
딸내미는 당당하고 들떠있는데
걱정은 부모 몫이다

부모 마음을 다 아는 자식이 있을까
언제부터인가
자식의 눈치를 본다

딸만 셋
둘은 출가하고
막내딸이 집에서 나가 분가하는 것

쌍둥이라
힘들고 고단할 때가 많았는데

성장하여 직장을 다니고 자립한 과정을 보며
흐뭇하면서도 조바심이 앞선다

세월이 약이라는 말로 위안 삼으며
막내 딸내미의 짐을 챙긴다

봄의 향기

눈으로 코로 귀로 새싹들의
노랫소리 듣는다

겨울을 이긴 봄의 향연
진달래 개나리 홍매화 형형색색으로 향기

봄을 만끽하고픈 젊은 청춘들
들로 산으로 꽃 마중한다

내 청춘도 봄꽃처럼 설레고
봄의 향기처럼 아름다웠는데
벌써 오십 대 후반
나이를 먹는 게 아니고
인생이 익어가는 거라는데
희끗희끗한 머리카락을 보며
나 자신에게 물어본다
인생 잘살고 있느냐고

봄의 향기 인생의 향기
즐겨볼 참이다

나의 아버지

아버지 품속 같은 고향
유년 시절 고향 집은 간데없고
앙상한 빈집만 남았다
고향에 가면
아버지 모습이 눈에 선하다
아버지랑 많은 시간을 못 한 게 아쉽다
탁주를 좋아하시는 아버지는 술을 드시면
자식들에게 삶의 고통을 토해내곤 하셨다
아버지가 짊어져야 했던 어깨의 짐
이해할 수 없었던 그 시절
아버지 보고 싶습니다
아버지 사랑합니다

오 성 수

한국문인협회, 다솔문학회, 전남문학회
전남시협, 진도문학회회원

진도 / 사월의 바다 / 벽

진도

어진 땅
어진 사람들
천년의 꿈
품어 안고 산다
바다 밖 광풍도 이겨내고
몰려온 파도도 넘고
밭 논 거기에 땀
심어 가꾸는 순박함
천 길 물속도
천리 물길도
잔잔하게 다독인 사람들
아름다움 만드는 곳
禮를 다하고
藝를 만드는
詩 書 畵 唱
藝의 본향입니다
아리랑으로 뜨는 해
쓰리랑으로 뜨는 달

바람도 안고
키워낸 정념은 달콤하리
가슴에 포근히 안고
다시 갈 길에
어진 맘
어진 사랑을 하리

사월의 바다

깊은 곳 끌어올린 물결 꽃으로 피고
영혼의 연가인가 잘게 부서진다

길게 이어진 밤바다에
달빛 방울로 뜨면
나 돌아갈래
별 되어 하늘로 반짝거린다

잠 못 들고 뒤척인다

하고 싶은 말 감춰 두었기에
넌 저 멀리서 오고
섬 하나
이름은 맹골도
지키지 못할 약속을 하는 세월의 길이
밤새 너는 아느냐

달빛이 꽃으로 피어
옛이야기 만드는 맹골 바다는
깊이 깊이에 영혼을 묻고
기나긴 침묵 중

벽

바람 앞에 서 있다
노란 깃발의 아우성
빨강 등표에 리본
추념의 뜻
아픔이고 아물지 못한 상처
4,656장의 표식
하나하나에 맘 담아 세웠으니
흐른 세월도 기억하리
떠남과 만남의 장소
기억 한쪽에 담을 哀憐은 남은 자의 몫
지워져 갈 기억 보듬어 안고
파도 위에 서 있다
하얀 물결 꽃으로 피는 4월
바다 위에 흐른다
모인 사람들 하늘 향한 솟대에
손 모음은
바람 앞에 서서
無言의 기도입니다

明光 **한현수**

등단: 사)종합문예《유성》시 부문(2021)
《현대시선》시 부문(2022)

세월에 꺾이다 / 자랑질 / 진달래

세월에 꺾이다

하늘 높은 줄 모르던
태산도 곧은 대나무 성품도
메뚜기도 한철 스치는 신기루

혈기 왕성한 전성시대도 잠 깬 夢

푸르던 강한성잎도 저녁놀 붉은빛
물든 고운 단풍잎 가을을 정리 퇴색
낙엽으로

세월의 사계는 변함이 없는데
변화를 보이는 생명체들

한번 지나간 자리
아지랑이 허공에 흩어지고
돌아오지 않는 부메랑

사라진 흔적
늘 생각. 기억에 존재
쌓여 가는 경험, 경륜
근심걱정 스트레스 늙어가는 육신

모난 성격 날 선 칼날도
가는 세월에 무디어지더라

한번 왔다 가는 생명체
만들어진 물건들
시간 가고 세월 가니
영원한 것 없어라

자랑질

소도 언덕이 있어야 비비고
소 뒷걸음질로 쥐 잡았다던데
피를 말리고 뼈를 깎는 고행
갈고닦은 실력

나는 부러워 말라
봄에 씨앗을 뿌리지 않으면
가을에 수확을 마라
노력도 없이 무엇을 바라나

아무 일도 하지 않으면
아무 일도 일어나지 않듯
고인 물은 썩고
흐르는 물 활기찬 생동감

자랑질하는 그대여
물 위에 떠 있는 평온한 오리
가라앉지 않으려 오리발 바쁘다

보이지 않는 곳에서 피눈물 쏟은 노력
결실을 맺었구려

진달래

엄동설한 한파 참고 견디며
봄을 기다리는 희망으로
꿋꿋하게 버티며 참아야지
위기에 더욱더 강할 때 생존

꽃샘추위 시샘하고 질투해도
언젠가는 봄은 오리라는
변하지 않는 신념으로
진달래꽃 피우며 흔들림 없이
봄을 향해 한 걸음씩 다가간다

청보리는 익어 가는데
먹을 것 없어 굶는 배고픔 서러움 잊자
울긋불긋 온산 덮은 진달래꽃 보면서
배고픈 보릿고개 이겨내자
배부른 희망을 꿈꾼다.

동해 김덕영

《문학세계》시 부문 등단
한국문인협회 회원, 다솔문학회 정보국장
공저: 『초록물결』 외 다수

봄 / 삶 / 인연

봄

하루하루가 다르다
기온은 다소 차갑지만
몸으로 느껴지는 체감
세월만큼 다르게
봄이 또 다가온다
해마다 오는 계절
다시 한번 기대는 설렘
두 눈 가는 영롱한 이슬처럼
웃음 진 가슴도 벅차다
접점 되는 나만의
초절정 온도는 100 프로다

삶

사랑은
서로 같은
마음을 담고
닮아 가는 것

인연

서로서로 살아가는 모습
같은 듯 다르듯
가정에서나
사회에서도
또 다른 인연과
만남으로 이어진다
서로 다른 환경에서
그들만의 턴하는 리듬으로
진작에 만나야 했을 인연
직장에서 보는 걸까
우리는 언제 어디서
또 다른 아름다움으로 이어질까
지금 순간순간 만날 행복
입가에 미소가 연신 사르르 번진다

정 현 희

전남 함평 출생
서정문학 시 부문 신인상
서정문학 작가협회 회원, 다솔문학회 회원
공저:『초록 물결』외 다수

인생이란 / 예술은 / 커피와 사랑

인생이란

인생이란
겸손해지기 위한
수행이요
수업이리라

인생이란
자신이 어떻게
살아 온 건지
어떤 사람으로
살아갈 건지를
증명하는 것이리라

인생이란
가치 있는 삶을
만들어 가는
능력을 키워가며
지혜를 발견하여

또다시
새로운 새싹으로
돋아날 준비를 하는
과정이리라

인생이란
아름다운 빛이요
삶의 향기가
영원히 아름답게
남겨질 기록이지요

예술은

예술은
작품에 대하여
공감대가
형성되어야 하리라

예술가는
자신의 작품에
먼저 진한 감동을
스스로 느낄 때
미적 대상으로
작품화되고
타인도 감동하리라

훌륭한
작품에는
감동의 물결로
연쇄 반응이
일어나야 하리라
인기가수의 명곡처럼

커피와 사랑

뜨겁기도 하고
차갑기도 한 커피는
단맛 쓴맛이
잘 어우러져야
맛있는 이야기
꽃이 피어나고

인생은
단맛 쓴맛이
잘 어우러져야
행복한 웃음꽃이
피어나듯이

인생길에는
좋은 동반자가
필요하리라
발이 편한
좋은 신발처럼

신봉교

계간 《시학과시》 시 부문 등단
다솔문학회 회원
시학과시 작가회 회원

수리너머재 / 된장의 사유 / 밤나무송골

수리너머재

온갖 성깔 다 내려놓고
갖은 아양 다 퍼 주다가도
이내 추스리며 넘어오는 길

아니야 아니다 거울 보며
제발 오늘은 날 돌보고
또 용서하고 사랑하자

용기를 돋우며
타이르고
파이팅을 외치며 넘는 길

꼬불꼬불
급한 오르막이었다가
쉽게 풀어지며 사나운

봄꽃들이 지천으로 피워놓고
황홀함이
자기 춤에 놀라는 길

싱글벙글 웃음 주고
비바람 내리고
흰 눈길 빙판이어도

나를 기다리는 이에게로 가는 길

하루 두 번
넘어갔다 다시 넘어오는
마음을 다스리는 길

된장의 사유

정월대보름 지나
잘 띄운 매주

깨끗이 씻어
장독에 넣는다

간수 빼낸 소금물에
계란 동동 뜰 때까지 간을 보고

독 안에 조곤히 담아
대추 숯 마른 옻나무 서너 개 넣어

싱거워도 짜서도 아닌
적당히란 말이 여기서 통한다

자리 잡고
꼭 두 달을 보내는 것이
인사는 아니지만

물은 따라 내어
다시 불에 끓여 간장을 만들고

잘 익은 장은
독 안에 담아 풍요를 안긴다

밤나무송골

손바닥만 한 밭뙈기
밤나무에게 반그늘 내어 주고

그래도 엄니는
호미 하나로

들깨 고구마 옥수수 완두콩
계절 돌아가며

냉장고 야채실만큼이나
풍성하게 어우렀다

김 옥 자

계간《청옥문학》시 부문 등단(2023년)
청옥문학협회 회원
다솔문학회 회원
공저: 『초록물결』 8~11집
캘리그래피 시화집 참여

동백 / 홍시 / 군고구마

동백

나무에서 피어나고
땅에서 또 한 번
마음에서 피어난다는 동백

통째 툭툭 떨어져
붉게 물든 땅
이루어질 수 없는 사랑으로 그리워하다
낙화해 기다립니다

겨울을 붉게 태우고
봄의 길목을 열어 주며
사랑을 나누어 줄 동백

홍시

무서리가 내리고
하얀 박꽃이 지더니
내 머리에 박꽃이 피었다

하나 남은 홍시
쪼아 먹는 까치가
예쁘다고
어머니는 박꽃처럼
하얗게 웃으셨다

문득 돌아보니
어머니가 서 계시던 그 자리
어머니 닮은 내가
홍시처럼 익어가고 있다

군고구마

나뭇가지도 하얀 모자
뒤집어쓰고
초가지붕 위에도
하얀 도화지로 옷을 입는다
처마에 고드름은 그네를 탄다

사랑방 쇠죽솥에 불 지필 때
청솔가지 연기 눈물 흘리며
그 불에 구워 먹던 고구마 맛
잊을 수 없어 그리움만 더해간다

방안 하루에 군고구마
냄새는 여전하건만
내 옆에 계시던
울 엄마는 아니 계시고
추억만 새록새록
정으로 남는다

최 석 종

최석종(호은) 부산 출생(1963)
다솔문학회 회원, 시학과시 정회원
수상: 문학시선인도박물관 주최 타고르 공모전 우수상
문학시선 윤동주 공모전 우수작품상
디카시 공모전 우수작품상
공저: 『초록물결』 3~10집 외 다수

62 페이지 / 밥을 많이 먹어야 합니다 / 나목

62 페이지

황령산에 햇귀가 찾아드니
여느 날 같은 하루가
오늘이란 이름으로 분주하게 움직이다
세상 근심 내려놓은 여느 날의 하루처럼
오늘이 어제란 이름으로 사라지면
처음부터 새로 시작해야 하지만

아침에 진달래 피고 저녁에 들국화 질 때

한낮의 숨결 초록 위에 기대어
별도 내려와 은하수 흐르니
햇살 한 톨 품은 잎새의 천년을 살고픈 소원
새들의 쉼터가 되는 숲에서는
빗면에서 구르고 꿈틀거리는 미물들이
숲의 진정한 주인이다

들숨과 날숨 속에 그리움 스며들 때
어제는 없었고 내일은 오지 않을 바람을 타고
광야를 건너는 그림자여 서러워 마라

끝이 있어야 훨훨 털고 새 출발 할 수 있고
하얀 어둠 속을 뚫고 달려오는
꽃이 너무 화려해 잠시 잊혀 졌을 뿐
본래 이별은 예정되어 있었다

여느 날의 하루처럼
황령산에 노을이 깃들면
허울 벗은 푸새는 어둠 속에 묻히고
햇귀가 찾아들면 오늘이란 하루가 시작되듯이
삶의 여정에서 끝은 안식이고
안식 속에 새 생명을 잉태하는
경이로운 여정 속에

밤이 하얗게 되는 날
햇귀가 찾아들면
희망 한 톨
바람 한 줌 쥐고 일어난 푸새에게
오늘이란 하루는
하늘이 내린 축복이다

밥을 많이 먹어야 합니다

달맞이꽃이 피면
달을 매달고 길을 가는
사람은 밥을 많이 먹어야 합니다

별들이 흘린 눈물을 찾고
사막에서 혹등고래를 찾아야 하는
사람도 밥을 많이 먹어야 합니다

예쁜 모자를 쓰고
장미꽃을 든 사람은
밥을 먹지 않지만

빈 들에서 사랑을 찾는
나침판도 없는 바보이기에
시인은 밥을 많이 먹어야 합니다

나목

사랑과 열정이 잠들은
빈들은 공기조차 무겁다

광복로 사거리에 나목이 서성인다
거북껍질 속에 간직한 햇살 알갱이는 살아있는 증거이리라

미화당 백열등 아래 고갈비 익어 가면
유월의 청춘은 다시 오고
한잔 술에 아집과 집착을 털어 넣고
배설물 배출하듯 버리고 싶다

자갈치 아지매 "퍼득 오시오"
비릿한 생선 냄새 진동하는
선창가 틈새를 비집고 일어서서
원망과 욕심을 바람에 실어 보내고

관용으로 뿌리를 깊이 내리며 살아가다
만월의 달 속에 오롯이 녹아드는 땅속 영혼 푸르른 잎을
뻗으리라

이 성 두

다솔문학회 회원

빛의 환상을 꺾다 / 시계 숨소리 / 논리로 푸는 계산

빛의 환상을 꺾다

흔적, 지워도 또 남는 흔적
발가벗은 그녀의 입술이
기억 속에서 바람에 날린다

어린 그녀 같은 소녀가
계절에 여울진
머슴네 마음을 아는지
휘리릭, 새기고 사라졌다

울울한 마음에 비친
유둣빛 환상에 시간은
시간은 하염없이 사로잡히고

불빛 닮은 꽃잎들이
마법 걸린 듯 마법 걸린 듯
환상을 그려 놓는데
이미 세상은 찰나를 넘나든다

시계 숨소리

차창 밖 시간이 빛으로 지나자
철로는 캉캉거리며 울고
빨간 심장은 아이가 되어
어리광 부린다

기차는, 이 무딘 기차는 허락도 없이
더디기만 하여
마음만 초조한 기수같이
탁탁탁 홀로 발길질이다

나는 첫 키스라도 하듯이
깍지 낀 손가락에 마른 입술 포개어
그대를 훔치고만 있다.

논리로 푸는 계산

사향에 취하는 밤
벌거벗은 시간의 몸부림이다

시간을 잃어도 좋은 것은
빼앗기는 것이 아니기 때문이지

훌훌 벗어 버리자는 것
칼칼한 깃을 얻자는 것이다

다가오는 산을 보라, 얼굴을 보라
시간이 바람에 닿고 있음을

세상은 울긋불긋 둔갑을 부리고
안이고 밖이고 구물구물 거린다

견줌도 없이 문을 열어라
새록새록 돋아난 날개를 펴고
태양이 녹기 전에 세상을 날자

이 수 을

호: 나루. 본명: 이윤근. 다솔 문학회 회원
시 스터디 그룹 〈시 그리메〉 촌장 역임, 계간 ≪가연문학≫ 편집인
세계문학예술협회 등단(2019)
수상: KT&G 복지재단 문학상 최우수상 「새벽 인력시장」(2020)
서울지하철 시 「응봉산 개나리」(2020)
서울지하철 시 「징검다리」(2021)
제주문학관 개관 기념 응모전 입상 「비양도 아리랑」(2021)
안양시 시 승격 50주년 기념 버스정류장 공모전 당선 「비상」(2023)
홍성군 디카시 공모전 대상 「기다림의 차이」(2023)

파도 소리 / 신발의 사회적 위치 / 산막山幕에 온 봄

파도 소리

넓은 바다
심연에서 올라오는 천둥소리

고래가 검은 꼬리로 내리친 듯
격랑이 일렁일 때마다
포악한 물귀신이 되어서
돌아오는 소리 돌아오는 울음,
시퍼렇게 멍이 든
갯바위를 때릴라치면
내 눈은 퉁퉁 부어 감겨버려서
작은 무덤만 해지는데
이렇게 마음이 흔들리면 어찌하나
정녕 어찌하나,
숨죽인 바다 비린내
바람에 야금야금 묻어오는데
난 홀로 입안에서
유행가를 부를 뿐, 이 고요를 즐길 뿐,
먼데 바다가 처얼썩처얼썩

큰 파도를 몰고 오는데
나는 용왕님의
가호를 믿어 의심치 않으며
먹구름마저도 섣불리 바라보는데
아무런 두려움 없네
무얼 믿고 끝끝내
마음까지도 다 내어놓고
기어이 저 포효 소리 듣고 서 있는지

가슴에 배 한 척 띄우자
우르릉 짐승이 운다

신발의 사회적 위치

주인을 섬기기 전에는
제 몸이 어떠한 무게를 감당할지 알 리가 없다
스스로 주인을 선택할 권리가
애초부터 없는 위치이기 때문이다

닳고 해지는 게 숙명인 양
눈비가 오거나 바람이 불거나
세상의 온갖 수모를 핥으며
하루 종일 우툴두툴한 땅바닥을
기어다녀야 했고

주인의 행차가 있을 때마다
역한 냄새에 시달리고
길에 나서기 무섭게
살점이 에는 듯이 갈라지는 고통을
감내해야 했으리라

땀과 흙먼지가 범벅이 된 그는
비로소 늦은 밤이 돼서야
칙칙한 행장의 끈을 풀고
지친 몸을 뉠 수가 있었다

행여 주인 발바닥에
몹쓸 물이라도 고일까
온몸으로 감싸 안던 그가
골병이 들어 시름시름 앓자
주인은 매몰차게 내치고 말았다

그때까지 그는
주인 발치를 떠나지 않은
충복으로 산 죄가 있을 뿐이다

산막山幕에 온 봄

꾸불꾸불한 산길을 따라
개나리 진달래가 손잡고 올라온다

꽃바람 등에 업고 오는 웃음소리에
겨우내 설쳤던 잠이 깨니 고단한 몸이 시큰거린다
봄이 오는지도 몰랐던 어둑한 겨울에
함박눈처럼 쌓인 먼지를 털어내니
도시의 소란에 움푹 패어버려
처녀 허리 못지않은 잘록한 절구통
산막 들창으로 들어오는 봄 햇살마저
찍어 내리는 듯해서 이를 악물고
하늘이 무너져도 솟아날 거라는
실낱같은 희망을 안고 사는 하루하루

만병은 마음에서 비롯된다지만
절굿공이로 쉴 새 없이 내리찧으면
제아무리 단단한 절구통도
고통스러워 소리 내어 울지 않던가

이젠 병마의 고통에는 무뎌졌지만
배짱이 두둑했던 뱃속에
아이디어가 번득이던 머릿속에
거미줄은 사그라지지 않는 외로움을
한 땀 한 땀 촘촘히 얽어 놓았다

춥고 길었던 산막의 겨울이
꽁꽁 얼어붙은 하얀 시트에 쌓여
산을 걸어 내려오고 있다

김 의 현

곰솔문학회장 역임
다솔문학회 회원, 에세이문예 부회장
수상: 곰솔문학상, 다솔문학상, 에세이 문예 신인상
에세이 문예 작가상
공저 곰솔문학동인지, 다솔문학동인지, 에세이문학동인지 외 다수

신혼의 꽃밭 / 태산지기 / 그리움

신혼의 꽃밭

겨울 눈밭에서 세찬 해풍 맞으며
붉은 순정 멍울 꽃 피웠네
벌 나비 없는 외로움
눈물범벅 흐느낌의
동백 아가씨
청춘의 봄을 부른다

동면 속에서
웅크리고 있던 생명
각자 다양한 모습으로
봄 꽃동산을 연출한다

봄 전령 매화가 꽃망울을 터뜨리니
진달래는 봄 처녀의 가슴을 휘젓고
개나리도 뽀르르 노란 입을 쫑긋 세우고
산수유 벚꽃이
봄의 최면에서 잠들게 한다

감귤 향기 떠난 제주에는 유채꽃이
만발
사랑의 젊은 청춘
신혼 단꿈을 유혹하며
한라산 백록담까지 녹인다

태산지기

대한의 맹추위가 기승을 부리며
겨울산 나목들이 극한 삶을 겪게 한다

식물도 비바람 가뭄더위 추위를 극복해야
거산의 숲속 주인으로
생존할 수 있는 법을
체험한다

백 년을 넘게 푸름을
지켜온 태산지기 낙락장송의 기개를
해맞이 아침에
내게 교훈을 준다

태산지기 거장 푸른 소나무여
재선충이란 작은 벌레의 기생으로 시름시름
생명력을 잃고 쓰러져 간다

백두대간 태산지기
소나무
영원히 푸르고 푸른
기개를 보존하세

그리움

눈 감으면 잊혀질까
해가 지고 달이 뜨면 사라질까
꽃이 피고 지고
세월 가면 지워질까

그리워 기다린 님
짧은 만남
긴 이별 천생연분은 아니었네

백년해로 꿈꿨던
첫사랑 내 님이시여
그 시절 우리 인생
황혼의 저녁노을이 눈시울을 적시네

잊혀지지도
사라지지도
지워지지도 않는
까닭 모르는 지난날의
첫사랑 꽃 편지
어디쯤 가고 있을까

덕해 임 하 영

한국시와소리마당 수석부회장, 다솔문학회 회원
수상: 《대전문학》 시 부문 신인문학상(2020)
《신정문학》 시조 부문 신인문학상(2023)
UN NGO 문학대상, 현대시선 시담문학대상
신정문학 우수상, 남명 시화 인성상
제3회 대한민국교육공헌대상 외 다수(2017)
시집: 『내 안에 그리운 그대』 『가슴에 담은 별』
공저: 『한국시와소리마당』 1~5집 외 다수

겨울아 그만 가자 / 봄맞이 공원 / 꿈을 담아서

겨울아 그만 가자

겨울아
갈 때는 말없이 가는 거야
괜시리 심통 부리면 모양 빠지잖아

봄이 온다고
여기저기 꽃단장하고 나서는데
그리 심술궂은 시샘이 뭐란 말이여

만물이
깨어나고 강남 갔던 제비 온다는데
이제 그만 서러워하지 말고 가는 거야

황소가
들로 나가 밭갈이를 시작하고
풍년을 기대하는 농부님들
부지런한 일손을 거들어야지

진달래
연분홍 꽃잎 따다가 화전을 부치고
시원한 탁배기 한 잔 마셔가면서.

봄맞이 공원

겨우네 움츠리며
칙칙한 옷 두르고 있던
공원에 무지갯빛 사랑이
환하게 물들어 간다

노란 산수유꽃 활짝 웃고
고개 내민 핑크빛 매화 봉우리
연분홍 진달래꽃에 손짓하며
인사를 나누는 공원

불어온 바람 따라
꽃향기 가득하고
겨울잠 자던 장미공원은
봄맞이 단장으로 분주하다

봄바람에 버들가지
살랑살랑

꿈을 담아서

인생길
지나고 보니 모든 것이
한순간의 꿈이었네

청춘은
속절없이 흐르고 흘러
어딘가로 사라져가고

한순간의
꿈처럼 지나가 버려
돌아갈 수 없는 시간

내 가슴에
그리움으로 남아
아름다운 추억으로 새겨

이제는
흩어지고 지워지지 않게
가슴속에 영원히 간직하네.

자올 정용완

종합문예 〈유성신문사〉 기자단장
나눔을 사랑하는 모임 자문위원
남원시 풋살연맹 홍보이사
공직 공익비리신고 전국 시민운동 연합
남원시 지부 사무국장
다솔문학회 회원

봄의 향연 / 자목련紫木蓮의 외출外出 / 고귀한 사랑 홍매화

봄의 향연

꽃잎이 떨어지고 뒹구는 대지에서
어여쁜 향기 담아 봄 여행 가고 싶어
흩어진 꽃가루 젖어 사랑담아 서신을

꽃잎에 입맞춤하기에 잉태한 터
이파리 돋는 자리 생명의 길목에서
찬란한 햇빛 눈 부셔 바라보듯 인연을

떨어진 자리에서 이별과 상처에서
바람도 잔잔하게 불어서 희망 품어
기나긴 세월을 담아 호강하는 모습을

자목련紫木蓮의 외출外出

분홍색 스카프를 두르고 외출하듯
새봄의 꽃향기가 바람에 휘날리고
흔들린 머리카락도 꽃망울도 춤추며

떨어진 꽃잎 하나 느껴진 우아함에
자연과 속삭이는 그곳에 믿음 있고
바람도 쉬어가듯이 흩어지는 꽃잎도

자목련 우아함도 넋 잃은 순간에서
하늘도 쳐다보며 생각에 빠져들고
밤하늘 속삭인 별빛 사색 잠겨 눈 감네.

고귀한 사랑 홍매화

언제나 다정하게 이름을 불러보고
산뜻한 사월 햇살 나들이 즐겨 가듯
겹꽃이 풍성한 터라 찾지 않는 그곳을

죽단화 기품 같은 여인의 치맛자락
기다린 너의 모습 가엾은 당신이여
화창한 벚꽃과 함께 어우러져 지내며

사랑한 님의 향기 발자취 멈춘 곳에
홍매화 네 품에서 사랑을 느껴 보고
가시는 임의 자취를 찾아가듯 지키네

聽心 제 성 행

등단: 《文學광장》 시조, 《서정문학》 시
격월간 文學광장 운영이사, 황금찬 시맥회 부위원장
격월간 서정문학 편집위원, 다솔문학회 회원
시집: 『가슴으로 듣는 노래』
공저: 『한국문학 대표시선』 『한국대표서정시선』
『초록물결』 외 다수
격월간 『文學광장』, 『서정문학』 연재

봄비로 쓰는 편지 / 해변을 걸었다 / 幼年의 봄

봄비로 쓰는 편지

그리움이라는
적막하고 젖은 말을 보냅니다

창밖은 비가 내리고

그리움의 기원은 변덕스러운 3월이
봄을 마중하는 날입니다

일찍 핀 매화가 약속된 기다림 없이
가슴이 설레는 순정한 계절

향기를 상실한 꽃의 마음으로
빗방울을 따라갑니다

펜 끝에서 번져가는 파란 잉크
그리움의 색은 이러하다고 말하는 그대

지금 창밖은 비가 내리고

박제된 기억은 꽃잎마다 젖은 문장을 채운
서늘한 이름을 소환합니다

편지를 보낸 알지 못하는 주소
사랑은 가고 무심한 날은 길쭉해지는

그대는 빗방울이 되어
모로 누운 가슴에 스며듭니다

해변을 걸었다

마음이 가난한 게으른 한낮
꽃망울 봉긋하던 목련이
봄 볕살 아슬하게 살품을 열어요

바람이 해변을 걸어가고 물색없는
구름이 따라 걸어요. 발자국이 보인다면
어제가 그립다는 말이겠지요

너울지는 바다의 뒷모습을
홀로 바라보는 눈동자가 골짜기를 만들고
한 보지락 남겨지는 포말은 순간의 기억이죠

침묵이 길어지는 한낮은 번뇌가 가득한 마음
톺아보는 시간은 멀미 나는 길
등 굽은 고래가 해변을 걸어가요

幼年의 봄

구슬을 따기 위해 무릎 꿇은 골목길
여자아이 뛰노는 고무줄 끊어 놓고
가댁질하는 남자아이

밤을 지킨 우리 집 담벼락
빨간 색연필로 삐뚤삐뚤 욕설을 그려 놓은
달팽이 같은 여자아이

아버지 술 냄새로 반쯤 기울은
파란 대문 고리에 어머니의 고단한 역정
한 바가지 걸려있는

가슴 구쁜 그리움의 그림자
진달래 향기 닮은 가뭇없는 순수 시절
소쩍새 울음 온 산 붉은 봄

김 지 원

계간《문학예술》시 부문 등단(2017)
부산문인협회 회원, 부산시인협회 이사
금정구문인협회 이사, 청옥문학협회 사무국장
수상: 김어수문학상 최우수상(2022), 제9회 한국꽃문학상(2021)
남재문학 작가상(2019), 한국문학신문사장상(2021)
제10회 동행 전국시낭송대회 대상
시집:『숲길을 걷다』
이메일: kjiwon7943@naver.com

욕심과 미련 사이 / 하얀 꽃기린 타고 / 우아한 고독

욕심과 미련 사이

제법 볕이 좋아 거실 창을 열었다

먼 금정산 골짜기 바람이
생강나무 꽃잎을 꼬드기다가
그만 노란 물이 들었다

바람은 높은 건물 사이를
피해 다니며
산수유 꽃잎에 앉았다가
살피꽃밭 수선화에 앉았다가
싹을 틔운 지 얼마 안 된 버드나무 잎을 건드렸다가
온천천 물결에 주름을 만들다가
거실 창 사이를 비집고 들어와
겨우내 묵은 나를 깨웠다

읽지도 않은 책들은 욕심처럼 쌓여있고
명절날 들어온 선물 상자 몇 개와
딸아이의 쇼핑 상자들이
밥을 잔뜩 먹은 배를 내밀듯 앉아있다

장롱 안에 입지 않고 걸어 둔 옷가지들
세월의 더께 앉은 욕심과
뱃속 지방처럼 쌓인 미련 사이에서 하릴없다

하얀 꽃기린 타고

볕 잘 드는 베란다 창가에 둔
시를 쓰는 여자가 선물한 화분 하나

뾰족뾰족 가시 돋은 긴 줄기 끝
애틋한 꽃망울
청순한 눈빛의 하얀 꽃기린이다

창을 반쯤 열어놓자
바람결에 묻어오는 평원의 기억
목 길게 빼고 바람의 그림자를 쫓다가
돌아갈 수 없는 날들의 일기를 줍는다

원시의 방목을 동경하는
희고 푸른 눈망울
고난의 깊이를 가늠할 수 없지만

오늘 밤 꽃기린 한 마리
꿈속으로 데리고 올 것이다

우아한 고독

떨어진 꽃잎 세다 다시 꽃을 기다리는 시간
그러다 초록이 그리워지는 시간

슬픔이 꼬닥꼬닥 말라가는 시간
허기가 슬픔을 이기는 시간

누군가의 젖은 마음 한 자락
애잔한 목소리가 연민을 읊조리는 시간

통속을 벗고 뻔뻔해지는 시간
그러다 와인 한잔 생각나는 시간

라르고에 멈칫거리는 묵직한 첼로 선율
덜컥, 밤이 스며드는 시간

신 진 철

경기도 영세농가에서 출생(1963)
인하대 사학과 졸업(1983)
아직도 서로 돕고 살아야 한다고 믿는 공동체주의자
첫 시집 『점심엔 국수나』(2023) 『심심한 책방』 출간

아무도 몰라 / 농민들 만세 삼창 / 바닷가

아무도 몰라

토요일 일하고 퇴근 후
밥상 겸 술상

시원하지 않느냐고 너스레 떠는
차가운 콩나물국 한 사발에

뱃속 든든한 게 최고라는
현미 잡곡밥 한 주발 섞인

한국 사람은 어쩔 수 없다는
볶은 김치와 때 지난 동치미에

아직은 그 맛 죽여준다는
새콤한 깍두기와 무말랭이까지

여기에다 저도 빠질 수는 없다는
소주 반병 탄 오백짜리 맥주 한잔, 카

다른 건 말이지
눈에 들어오지도 않는 걸

지금이 얼마나 행복한 지
너 모르지?

모르구 말구지 누가 알겠어
그러엄

농민들 만세 삼창

비가 너무 자주, 또 많이 와서

저 너른 밭을 어떻게 갈아엎나
어떻게 두둑을 지어 올리고
또 비닐은 어찌 씌우나 걱정했는데

농민들은 그 틈틈이
다 갈고 지어 올려 씌워놨다

농민들은 수령님보다
또는 대통령 따위보다 훨씬 위대하다
농민들께 만세 삼창을 드린다
농민들 만세만세 만만세

바닷가

미루고 미뤄 온 바닷가
여름 전에는 만날 수 있을까

에이
보나 마나 글렀어

사진이나 봐야 하나
글로나 읽어야 하나
동영상이나 볼까

돈 있을 때는 일이 가로막고
한가할 때는 돈이 발목 잡아
못 가는구나

선오 이용성

다솔문학회 회원
시집: 『해보는 수밖에 길은 없다』 외 2권
SK하이닉스반도체 재직

봄이 오는 소리 / 담쟁이 / 흔들의자

봄이 오는 소리

어제와 같은 길에서
어제와 같은 시간에
무심코 서서 하늘 바라보니

따사로운 바람이 콧등을 스치고
태양은 동녘에서 치솟고 있더라

어제는
달빛 새벽을 밟고 걸었는데
오늘은
햇빛 아침을 밟고 걷는다

살아 숨 쉬는 모든 것들이
이정표 없는 겨울의 능선 따라
시간의 무등을 타고 하염없이 달렸나 보다

회사의 녹슨 철조망 사이로 쉼 없이 흔들리던
산수유 가지마다 춤추는 노오란 꽃등이 그러하고
터질 듯 말듯 솜털을 품은 목련의 하늘이 그러하다

그러하니 아이야
어여가자 어여가자

남쪽 나라에서 자박자박 들려오는
봄이 오는 소리 귀 기울여 들어 보렴

빨강 동백이 대지로 뚝뚝 떨어지는 저 소리
분홍 매화에 취한 벌 나비 날갯짓 그 소리

그러하니 아이야
어여가자 어여가자

우리의 봄은
오늘부터 시작이다

담쟁이

마법 같은 세상의 벽면에다
거머리 빨판을 딱 붙여놓고
거북보다 느리게 느리게
쉼 없이 오르고 또 오르는
저 담쟁이를 보라

봄이면 파란 잎새에 꽃을 틔워
여름날 벌 나비 유혹하더니
가을날 바람의 그물에 갇혀
흔적 없이 지난날로 되돌림 하는
저 담쟁이를 보라

가진 것 모두 버렸을 때
얽힘과 설킴의 여러 사연이
비로소
진정한 모습으로 드러나는
저 담쟁이를 보라

지난날
미지의 시간을 꼭 부여잡고
이리 갈까 저리 갈까
알 수 없는 세상을 향해 걷고 또 걸었던
나의 인생을 닮았더라

흔들의자

아파트 베란다 귀퉁이에서
바람 없는 날에도
흔들흔들

엄마
살아생전 앉아 보지 못했던
그 의자

방충망 사이 찬 서리 녹아드는 아침
바라만 보아도
흔들흔들

정말
보고 싶다
울 엄마

김 상 경

다솔문학회 회원
다솔문학 동인지 『초록물결』 1집~11집 참여

목련 / 그럴 수 있다면 / 님 오시네

목련

한 발짝 다가서면
멀어질 것 같아
조심스레 손짓으로 불러본
다소곳한 너의 모습

이른 봄 한낮 햇빛에
활짝 피어난 놀란 모습
손대면 뚝 떨어질 것 같아
바라보는 눈길조차 살며시

때 없는 봄비에도
자리 지키는 꿋꿋한 모습
심술 맞은 봄바람에도
흔들림 없는 너의 고운 자태

깊은 밤 무거운 달빛조차
하얀 영혼으로 승화시키는
여섯 갈래
한 봉우리

언제까지나 변함없이
어떤 유혹에도 퇴색되지 않을
하얀 너의 모습

그럴 수 있다면

가을날
달빛 소롯한 창가에 앉아
일렁거리는 상념의 꼬리를
하나둘 엮어 갈 수 있다면

한여름 밤
별빛 가득 내리는 툇마루에 앉아
뒷산 너머로 지는 별똥별의 전설을
이야기할 수 있다면

겨울날
밤사이 하얗게 쌓인
호젓한 눈길을 걸으며
첫 발자욱의 상큼한 소리를
담아낼 수 있다면

그럴 수 있다면
그럴 수 있다면

봄이 오면
진달래 개나리 활짝 피는
뒷동산 언덕마루에 올라

내 지난날의 이야기들
들려줄 수 있을 텐데

그럴 수 있다면

님 오시네

붉은 노을 잠재우고
소롯이 여민 가슴
설레는 맘 그지없어
또 기다림이

살며시 부는 선들바람
깊은 가을 배웅하며
달빛 놓인 창가에
그대 이제 오시겠지

덜컹거린 창문 소리
마음조려 귀 기울여보니
이제 진정 오시려나
님 오시려나

기당 신영미

≪서정문학≫ 시 등단
한국문인협회 회원
이천문인협회 회원
한국문협 이천 여주 역사문화연구위원
다솔문학회 회원
메타포엠 회원

꽃과 열매 / 눈 내리는 날 / 고향

꽃과 열매

봄은 봄인가 보다
한차례 훈풍 불어오니
겨우내 품고 있던 열망이
한꺼번에 터져 나와
화사하게 날갯짓한다

저 빛나는 열정의 순간
너도나도 기꺼이 만끽하며
표현할 수 있는 만큼
찬사를 쏟아 보낸다

한차례 지나가는 비바람에
금방 지나가는 청춘처럼
헛되이 지고 말 것 알기에
더욱 간절해지는 마음
젊은이들은 아직 모르겠지

꽃잎 지고 난 후에
비로소 보이는
그림자에 가려진 것들
또 다른 생명 희망을

일당백의 힘으로
여름날 폭풍우 맞서고
찬란한 가을 기대하며
불안에 떨고 있는
순수하고 어린 열매들을
그대들은 보았겠지

눈 내리는 날

산촌에 눈이 내리네
실내엔 음악이 흐르고
홀로 마시는 차 한 잔

바람이 잦아든 숲
나무들은 빈 가지에
눈꽃 쉴 자리 내어 주고

하늘 가득 내리는 눈
꿈꾸듯 멍하니 보는 사이
산은 순백으로 물들어 가고

오늘처럼 눈이 내리던 날
겨울 속으로 떠난 사람
돌아오지 않을 풋풋한 시절

지금 어디에서
내리는 눈 바라보며
나처럼 생각하고 있을까

눈은 하염없이 내려
세상은 단색이 되어 가는데
쌓이는 눈만큼 깊어져 가는 상념

고향

세상에 나아가
한바탕 뛰고 나서
문득 돌아온 고향

산비탈 돌밭엔
낯선 집들이 들어서고
길에 바싹 내어 세운 펜스엔
장미 덩굴이 기어오르고
안에선 닥스훈트가 짖는다

농여소가 느릿느릿 걷고
곡식단 부지런히 나르고
땔 나뭇짐 지어 나르던
철철이 땀방울 떨어진 황톳길

친구들과 걷다가 심심하면
만만한 돌멩이 하나씩 골라
발로 차며 누비고 다니던 길

시멘트로 넓게 포장된 신작로
자동차 굉음에 길가로 피한다
정겨움 잃어버린 빠른 속도감

숲은 더욱 우거졌건만
살아가기 팍팍한 새들은
어느 골짜기로 떠나갔을까

함께 뛰어놀던 어릴 적 친구들
이제 나이 들어 흰머리 늘었겠지
어디에서 살고 있을까

그리운 친구들 문득 생각나
고향 소식 전하려 하는데
땅값이 많이 올랐다고 해야 하나
봄이 오려 한다고 해야 하나

홀로 걷는 들길
어느 사이 계절이 바뀌어
바람 따라온 풋풋한 흙냄새
머지않아 피어 날
매화꽃 향기 기다린다

장 영 경

≪인향문단≫ 창간호
인향문단 신인문학상
다솔문학회 회원
동인지 다수

하얗게 내리는 빈손 / 불면의 바퀴 / 오늘 하루가 선물이다

하얗게 내리는 빈손

십이월 끝자락에 피는 꽃송이
서로의 등에 업혀서
때 묻은 속세를 세탁

가을에 떠난
졸가리의 빈자리
옥양목 입은 듯 하얗다

돌덩이 가볍게
하얗게 내리는 빈손
달밤에 겹겹이 쌓인다

산사의 목탁 소리처럼
무소유 색으로
아름답게 흐르기를

불면의 바퀴

고독한 싸움은
얼마나 더 가야
정신 운전대를 놓을까

숨소리도
듣지 못하는
죽음의 꿈나라로
하품 깜빡이 켜놓고
가던 길 멈추고 싶어라

질주하는 바퀴는
고장도 없네
원점으로 돌아오는
육신의 치료가 간절하다.

오늘 하루가 선물이다

육십 고개 올라서 보니
오늘이 선물이라는 명언
자서전처럼 울림이다

더디게 갔으면 하는 세월은
거침없는 흐름의 속도
붙잡을 수 없기에
값지게 채우려는
신체의 바람이다

뒤돌아보면
미련의 손짓
메마른 헛기침이 있다
총알처럼 다가오는 인생 시계
나이 들면 더 빠르게 느껴진다
소중한 하루
오늘이 선물입니다.

南江 여승익

시인, 수필가
국제PEN 한국본부 부산펜 이사, 에세이문예 이사
울산불교문인협회 이사, 이삭문학회 이사
곰솔문학회 회원, 다솔문학회 회원

백두대간 / 아름다운 날 / 산 오르기

백두대간

삼천리금수강산 등뼈
백두산 천지에서
굽이치며 산하를 달려
금수강산 얼싸안고
개골산, 설악산, 태백산 지나
남녘 마고할미 사는 두래산

자연의 길은 너무나
수려하고 빛나는 길
사람들이 그어놓은 선
남북으로 오가지도
못하고 있는 침묵의 길
여전히 오매불망 가고 싶은 길

머리부터 허리까지
든든하게 지키고 세우는
몸의 척추 같은 길
곳곳을 뜯기고 파헤쳐

다골중 환자가 되어버린
남녘 척추는 병이 깊은 길

다시 척추를 곧추세우고
자연의 길 따라 남북으로
오고 가는 분단의 길 너머
한민족 하나로 엮어
찬란한 한류문화를
온누리에 나눠주는 길

아름다운 날

시간은 늘 변함없이 흘러간다
변함없이 흐르는 시간 속에 삶은 이어진다
모든 것이 바뀌지만
또한, 어떤 것도 바뀌지 않고
시간 속으로 사라져 갈 뿐이다

봄이 제 모습을 한껏 드러내는 때
자연은 그 시간에 맞춰서
자연 그대로의 모습을 보이고 있다
단지 아무도 느끼지 못할 뿐
늘 그 모습을 간직하고 있을 뿐이다

삶의 시간은 자연스레 하염없이
더불어 거침없는 걸음을 걸어가고
살아가는 사람들을 옥죄고 있을 뿐
피어나는 꽃들이 보여주는
아름다운 시간은 또 다른 여정이다

마치 만남으로 만들어지는
기쁜 시간이 다가와 있는 것은
시간이 아니라, 다가오는 시간을
기어코 만들어 내는 사람들의
치열한 삶의 여정인 것처럼 말이다

찬란한 태양이 노을빛으로
희미하게 스러지듯 빛을 잃어가고
건너편 여명은 찬란한 시간을
만들며 빛나는 하루를 열어간다
다시 떠오르는 삶의 시간을 밝혀준다

산 오르기

이른 아침
빛이 세상을 밝히려 할 때

문득
어둠을 뚫는 강렬한 눈부심

적막한 시간
세상을 아우르는 너그러움

그 빛으로
아름답고 사랑스러운 시간

삶의 윤기를
온누리에 나눠주는 사랑

산마루에서 마주하는
찬란한 여명의 시간

淸雨 장선호

등단: 월간《문학세계》시조(2015), 계간《시세계》시(2015)
《한국시조문학》시조(2017)
한국문인협회 회원, 한국시조문학 회원
사상문화예술인협회 회원, 천성문학회 부회장
한국베이비박스문인협회 대표
수상: 시세계문학상, 천성문학상, 한국예총문학상
온천시조문학상 외
공저: 『베이비박스에 희망을 싣고』(1집~ 9집) 외 다수

초록빛 설렘 / 삶에 파도가 일 때면 /
사연 있는 밤(베이비박스)

초록빛 설렘

파란 가슴이 돋아난다
세상의 따스함에
구름도 외투를 벗고
반가운 임 마중을 나선다

시절을 품은 꽃향기
설레는 봄바람
물오른 골짜기 뜀뛰며
가파른 오솔길 산행

새파랗게 놀란 아이들
비탈길 따라 내빼며
헉헉대는 거친 숨소리
밟히는 세월에 터지는 꽃망울

임 지난 걸음마다
열꽃을 토해내는 산하
실바람에 날리는 향기는
초록빛 설렘
봄은 한 마리 나빌레라

삶에 파도가 일 때면

쉼 없이
밀려오는 시절의 파도가

잠잠한
삶을 흔들 적엔

생채기 난 등대를 본다

모진 세월
임 기다리는 심정으로

순응하며
사는 법을 배워볼까

오늘도
망망대해에 몸을 맡긴다

사연 있는 밤(베이비박스)

눈물이
범람하여
세상을 뒤덮는 밤
비탈길
희망을 찾아
오르면서 알았네
연탄불
뜨거움도
한때가 있다는 걸

가파른
숨소리가
허공을 찔러대고
양심이
흐느끼다
지천을 뒤덮는 밤
하늘이
맺은 인연도
영원할 수 없음을…

서우 유 영 아

《현대문학사조》 신인상 수상
한국문인협회 회원
다솔문학회 홍보국장

태풍 (지난여름) / 나의 집 / 그 겨울

태풍 (지난여름)

그대
천지를 모시고
오셨군요

뜬 눈으로 그대를
맞으려 길을 나섭니다

해가 바뀌어 마주하는
계절은 태양 빛이
뜨겁습니다

그대 가시는 길
고이 머물다 가시길
두 손 모아 빕니다

나의 집

바쁜 일상을 마무리하고
거침없이 부서지는
폭우 속을 달려가는 것은
편안함이 날 기다리고
있기 때문이다

나만이 안주할 수 있는
조용한 풍경이 그려지는
산새들이 노래하는
휴식이 되는 나의 집

그 겨울

깊고 깊은 밤
앙상한 가지 사이로
희미한 가로등 불빛

거리의 어둠 속으로
달빛 조용히 물든 밤

잡을 수 없는 시간들
그 긴 겨울 맞으며
그렇게 또 서 있다

무에서 유를 창조한다는 것
쓰디쓴 잔을 들어야 한다는 것
그 겨울 백야의 설국 위로
누구의 발자취런가
끝없이 행진하는

홍 성 주

다솔문학회 회원
영상제작 감독
동인지 『초록물결』 외 다수 참여

철쭉꽃 당신 / 윤중로 / 출근길

철쭉꽃 당신

순리에 따라 순응하며
고난 속에 기다림을 배운
붉은 정열의 꽃망울

밤이나 낮이나 언제 찾아가도
밝게 웃으며 맞이해 주는
그대 철쭉꽃이여

바라만 봐도 좋은
철쭉꽃 당신

언제라도 지금처럼
행복 나눌 수 있었으면
고마운 당신
철쭉꽃 당신

윤중로

변방으로 떠난 자식
금의환향한 것처럼
월계관을 쓴
윤중로의 꽃나무들

누구와 그리 수다를 떠는지
흔들흔들 쉼 없이 조잘거린다

꽃비 맞으며 걷는
선남선녀들에게
화관을 씌워주는
윤중로의 벚꽃들

출근길

출발했으면 뒤돌아보지 말자

최선의 다짐을 하며
목표를 달성하기 위해
근면 성실하게 임하자

내가 만난 인연들에게
배려의 아이콘이 되자

그러다 보면
길은 꽃길이요
시간은 행복으로 흐르리라

김준일

계간 《청옥문학》 시 부문 등단(2020년)
청옥문학협회 회원, 다솔문학회 회원
공저: 『초록물결』 『별뉘』 『들국화 연가』 외 다수

양초의 눈물 / 님 찾아 / 해우소

양초의 눈물

드리워진 밤
다리가 너무 아프다
오랫동안 버텨온 터라
동공마저 흔들린다
애락을 짊어지고
시간을 쓸어버린
몸뚱어리는
온통 만신창이다
뚜렷한 목적 없이
불태워 온 나날들은
무엇을 위한 밝힘이리니

이제는
내 눈물도 육신도
말라져만 가고 있지만
알면서도 모른 체
버텨온 이길
허나

심지만은 꼿꼿하거늘
눈물은
무슨 놈의 눈물
그나마
내 마음을 밝혔으리니

님 찾아

갈 수만 있다면
아니
그럴 수만 있다면
내뱉는 한숨 설움일지라도
이 눈물 머금고
그곳으로 가고 싶다

볼 수만 있다면
정말
그렇게만 된다면
허무한 마음 아픔일지라도
이 상처 동여매고
그곳으로 가고 싶다

해우소

뽀얀 담배 연기 속
또렷한 목적 없이
연례 없는 의식을 치르곤
가슴 밖 토해내는
어제의 일들
과거와 현실을
넘나드는 공간 속
숙연해진 목덜미는
이상을 초월한
터무니없는 꿈을 꾸지만
나에겐 더없는 친구이자
안식처인 것을

無着 김규봉

공주사범대학 일반사회과 졸업
중등학교 사회과 교사 30년 재직
다솔문학회 회원

무아적無我的 삶과 종교

무아적無我的 삶과 종교

　이 세상 모든 존재는 나라고 단정 지을 만한 것이 하나도 없다.
현상계에 나타나는 모든 존재는 절대계에서 현상학적으로 나타나는 연기적緣起的 존재일 뿐이다.
이 연기법緣起法은 실체 없는 가합적假合的 존재로서 순간순간 끊임없이 생멸生滅 한다.
우린 실체實體 없는 이 현생계에 영원성을 부여하며 집착한다.
　그 와중에
　그릇된 오온의 작용에 의해 온갖 희로애락을 느끼며 살아간다.
본래 보는 나와 보이는 대상이 없거늘 희로애락, 백팔번뇌가 어디 있단 말인가?
우린 꿈을 꿀 때 꿈속에서 실제로 느낀다.
아침에 꿈속에서 깨어났을 때 비로소 꿈이었다는 사실을 알게 된다.
　그렇듯
　우리의 일상적 삶도 깨달음의 입장에서 본다면 꿈과 다

를 바 없다.
우린 무지無知로 인하여 우리에게 현현現顯 된 개체적 사물, 상황이 실체實體라고 믿고 그릇된 집착으로 괴로운 삶을 사는 경우가 많다.

　　제법무아 제행무상
　　시생멸법
　　諸法無我 諸行無常
　　是生滅法

"현생계의 모든 존재는 순간순간 생멸生滅 한다."
라는 이치를 깨닫는다면 그 무엇에 집착 하리오.
　무아無我
　이 개념은 팔만대장경에 녹아있을 부처의 가르침을 단 두 마디로 표현됨에 모자람이 없을 것이다.
우린 너와 나라는 통속적 언어 개념에 종속되어 모든 것을 나라는 이원화된 주관에 의해 바라보기 때문에 절대계에서 현현現顯 된 현상계의 진리 참모습을 보지 못한다.

　본래本來
　눈에 보이는 현상계는 눈에 보이지 않는 절대계의 나타남 그 자체이기에 진리의 참모습 그 자체다.

다시 말해 절대계 자체와 현상계는 같은 것이다.
그래서 나온 말이 산은 산이요 물은 물이로다.
라는 개념이 성립된다.

무아無我
모든 것은 실체가 없기에 우리가 통상 말하는 인격화된 개체로서의 신神은 개입할 여지가 없는 것이다.
모 종교에서 전지전능한 신이 모든 만물을 창조했다고 하는데 창조했다고 하는 그 순간 주체와 객체로 분리되어 나오기 때문에 이미 절대성이 상실된 것이다.
무릇
절대자라 말할 수 있음은 만든 자와 피조물이 한 몸인 것이어야 하기 때문이다.
그런 논리로 본다면 기성 종교, 현대사회에서 발생한 각종 종교에서 주장하는 절대자의 분신 또는 메시아라고 자처하는 자들의 행태를 면밀히 살펴보는 지혜가 필요하다고 여겨진다.
    나의 종교적 관점은 우주가 138억 년 전에 빅뱅이론에 의해 탄생된 이래로 우주를 움직여 왔을 그 무엇을 우주법칙이라 칭하고 싶다.

기독교는 그 무엇을 하나님이라고 하고,

불교에서는 공空이라 하고,
도가에서는 도道라 칭한다고 생각한다.
그런 면에서 본다면 각 종교는 원래 뿌리가 같은 것이다.
   그런데 요즘 종교가들의 모습을 보면 서로 신도 수 늘리기에 바쁘고, 부를 축적하고 서로 헐뜯기에 혈안이 돼 있다.
또한 혹세무민하는 경우도 많다.

   우린 이 같은 종교적 현실에서 종교 본연의 초심으로 돌아가 각 종교가 추구하는 참된 가르침을 무아적無我的 이치理致로 대중들과 호흡 한다면 좀 더 이상적인 종교사회가 되지 않을까?

♤ 연기緣起: 이 세상 모든 존재는 홀로 존재치 않는다.

이것이 있음으로 저것이 있고,
저것이 있음으로 이것이 있다.
이것이 없음으로 저것이 없고,
저것이 없음으로 이것이 없다.

♤ 무아無我: 만물에는 고정 불변하는 실체로서의 나가 없다.
♤ 실체實體: 늘 변하지 않고 오래 지속됨

♠ 오온: 집합의 구성 물질: 색色, 수受, 상想, 행行, 식識
♠ 가합假合: 임시로 어울림
♠ 현현現顯: 명백하게 나타나거나 드러냄
♠ 제법무아諸法無我: 보는 것은 인연으로 끊임없이 변화하고 생멸하므로 절대불별의 성질을 지닌 고정된 본체는 없다는 뜻
♠ 제행무상諸行無常: 무명無明으로 일으키는, 의도하고 지향하는 모든 의식 작용은 변화함

다솔문학회 임원 명단

고　　　문	: 박순옥　조충호　이경미　박선정
회　　　장	: 김현희
부 회 장	: 서정원
사무국장	: 조동현
총무국장	: 이종철
기획국장	: 김진영
정보국장	: 김덕영
홍보국장	: 유영아
운영위원	: 김영진　배동현

다솔문학 동인지 · 초록물결 제11집

꽃잎
편지

인쇄일 2024년 5월 3일
발행일 2024년 5월 10일

지은이 다솔문학회
편집위원 김현희 김지원
펴낸이 김현희

펴낸곳 청옥출판사
　　　　Tel. 051-517-6068

인쇄처 세종문화사
　　　　Tel. 051-463-5898

정　가　12,000원
ISBN　979-11-91276-64-0　03810

@다솔문학회 2024

- 이 책은 저작권법에 따라 보호받는 저작물이므로 무단전재와 무단복제를 금지하며 이 책의 내용 전부 또는 일부를 이용하려면 반드시 저작권자와 출판사의 동의를 받아야 합니다.

- 파손 및 잘못된 책은 구입처에서 교환해 드립니다.